東大生が書いた競馬のテキスト

東大ホースメンクラブ

競馬ベスト新書

東大生が書いた競馬のテキスト　目次

装丁◎塩津武幹　本文DTP◎オフィスモコナ
写真◎武田明彦　馬柱◎優馬
名称・所属は、一部を除いて2016年1月末日現在のものです。
成績、配当は必ず主催者発行のものと照合してください。
馬券は自己責任において、購入お願いいたします。

馬ゲノム研究も見据える、生命工学の俊英の血統論

ディープ、キンカメの次の「儲かる種牡馬」解析

堀江史博

茨城県下館市出身。工学部化学生命工学科卒、大学院1年。東大ホースメンクラブに入ることが、東京大学を志した大きな理由のひとつ。祖母とテレビで競馬を見るのが、幼少期の日課だった。趣味はカメラで、全国の競馬場へ足を運んでいる。競走馬の屈腱炎を迅速に完治させるための技術を開発したい。馬ゲノム解析にも興味がある。

「それ」を早く見つけた者こそ、血統で勝てる

「競馬はブラッド・スポーツだから……」なんて枕詞は、耳にタコができるほど聞いてきたかもしれないが、なぜ繰り返しいわれるのか――それが普遍の真理だからである。

種牡馬の趨勢《すうせい》は目まぐるしく変化する。今でこそディープインパクト、キングカメハメハの2強ムードも漂うが、ディープやキンカメ産駒登場以前の群雄割拠時代が、いつ訪れてもおかしくない。２００９年には、マンハッタンカフェが種牡馬リーディングを獲っていたことを思い出してほしい。

そうした「血のドラマ」を馬券に生かすには、どうしたらよいのか？

答えは簡単！　常に最新の状況にアンテナを張って傾向を把握することに尽きる。各種牡馬の本質をイチ早く捉えることが、血統予想の醍醐味であり、かつ、その他大勢の馬券購入者を出し抜く術となる。

人々が特徴を捉え切れていない馬にこそ、馬券的妙味が生まれる。まだ二世代しかデビューしていない3頭の種牡馬**ハービンジャー**、**キンシャサノキセキ**、**エンパイアメーカー**について、産駒の傾向と買い時を分析することにしよう。

データを並べ立てるだけなら誰でもできるので、データから考察できる各種牡馬のエッ

センスを抽出することに努めた。基礎＝本質さえわかれば、応用は容易だろう（以下、特に注意書きがない限り、産駒データは14年6月～15年12月、ラップタイムデータは11～15年のものを使用）。

ハービンジャー

★ハービンジャー　牡10　英国産

ハービンジャーは日本の競馬ファンには馴染みのない種牡馬であるが、欧州では歴史的名馬の1頭として名が知られている。GⅠ勝利はキングジョージ6世&クイーンエリザベスSの1勝に限られるものの、レース史上最大の11馬身差、しかも当時のコースレコードというセンセーショナルな勝利であった。

非サンデーサイレンス系かつ非ミスタープロスペクター系種牡馬として、日本で新たな旋風を巻き起こせるか、注目が集まる。現役馬は3歳135頭、全体で272頭（2016年1月18日時点）。

●血統背景

Dansiliを父に持つデインヒル系の種牡馬である。欧州では、2歳短距離GⅠからダービ

表1●ハービンジャー四代血統

Dansili	Danehill	Danzig	Northern Dancer
			Pas de Nom
		Razyana	His Majesty
			Spring Adieu
	Hasili	Kahyasi	Ile de Bourbon
			Kadissya
		Kerali	High Line
			Sookera
Penang Pearl	Bering	Arctic Tern	Sea-Bird
			Bubbling Beauty
		Beaune	Lyphard
			Barbra
	Guapa	Shareef Dancer	Northern Dancer
			Sweet Alliance
		Sauceboat	Connaught
			Cranberry Sauce

ノーザンダンサー系はウスアミ部分

ー馬、凱旋門賞馬までバランスよく送り出すことから、広く発展した系統である。しかしながら、日本では苦戦を強いられており、本馬産駒の活躍次第でデインヒル系の未来が決まるといっても過言ではない。母の父Beringは Native Dancer 系種牡馬で、日本では母の父としてサトノアポロ（13年中日新聞杯）を輩出している。全体としてNorthern Dancerの血量が豊富で、4＋6×4＋5のクロスを持つ。

ハービンジャーの産駒解析

●ダートは苦手

まずは、産駒の特徴を捉えていくことにしたい。

ハービンジャー産駒がデビューした14年6月以降を芝・ダート別成績で見ていくと、芝【84―70―97―625】（勝率9・6％、連対率17・6％、複勝率26・7％）、ダート【6―8―12―136】（勝率3・7％、連対率8・6％、複勝率16・0％）。ダートでの好走率が明らかに低い。

同じディンヒル系の種牡馬であるコマンズ、スニッツェル産駒が、むしろダートで結果を残していることに反した結果となっている。同系の種牡馬ということで、連想ゲームのように初ダートでの変わり身があるなどと期待してはいけない種牡馬なのだ。

●2000mがベスト

以降、芝での成績に絞って分析する。距離適性を調べるために、横軸を距離、縦軸を勝率として図1（P8）を作成した。図からわかるように、**距離が延びるほど勝率が高くなる傾向にあり、2000mがベスト**となっている。ハービンジャー自身は、2400mを主戦場に活躍したが、日本の繁殖牝馬（主に、サンデーサイレンス系）との配合により、距離適性はやや短距離にシフトしているようだ。

コマンズ、スニッツェル産駒は、短距離に良績が集まっているので、同系統とはいえ、芝・ダート適性でも反対であるそれらとは、別物と思って扱うのがいいだろう。参考とし

図1●ハービンジャー産駒の芝・距離別勝率

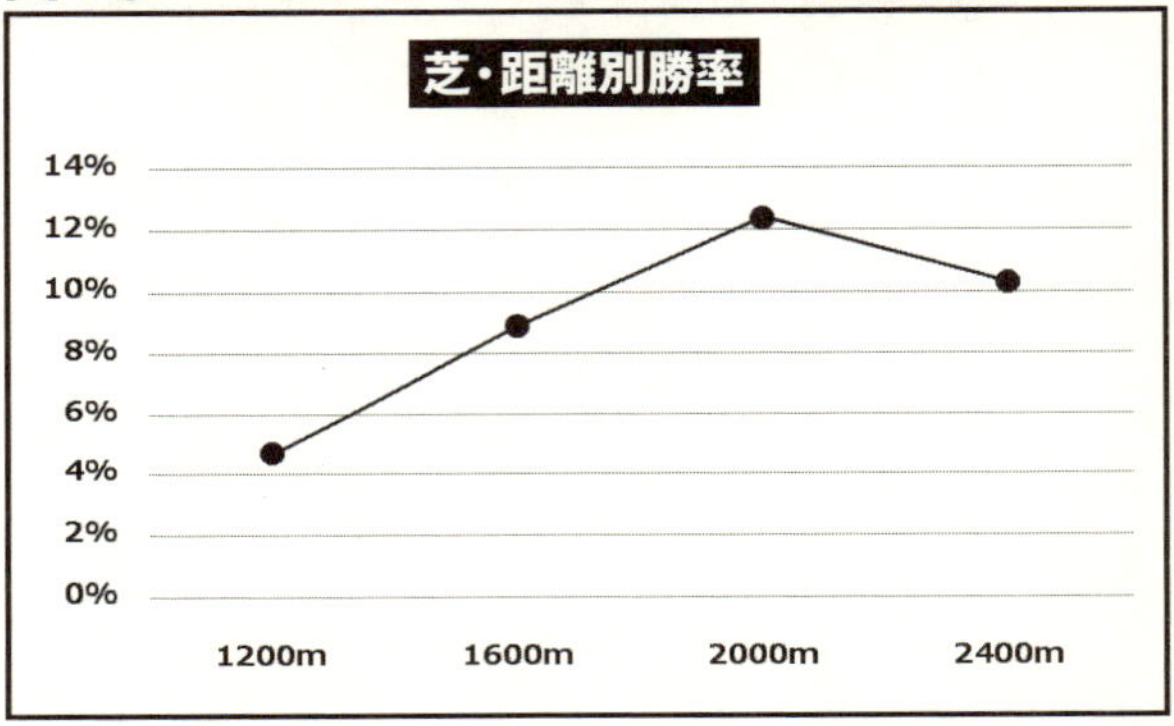

図2●デインヒル系種牡馬の適性イメージ

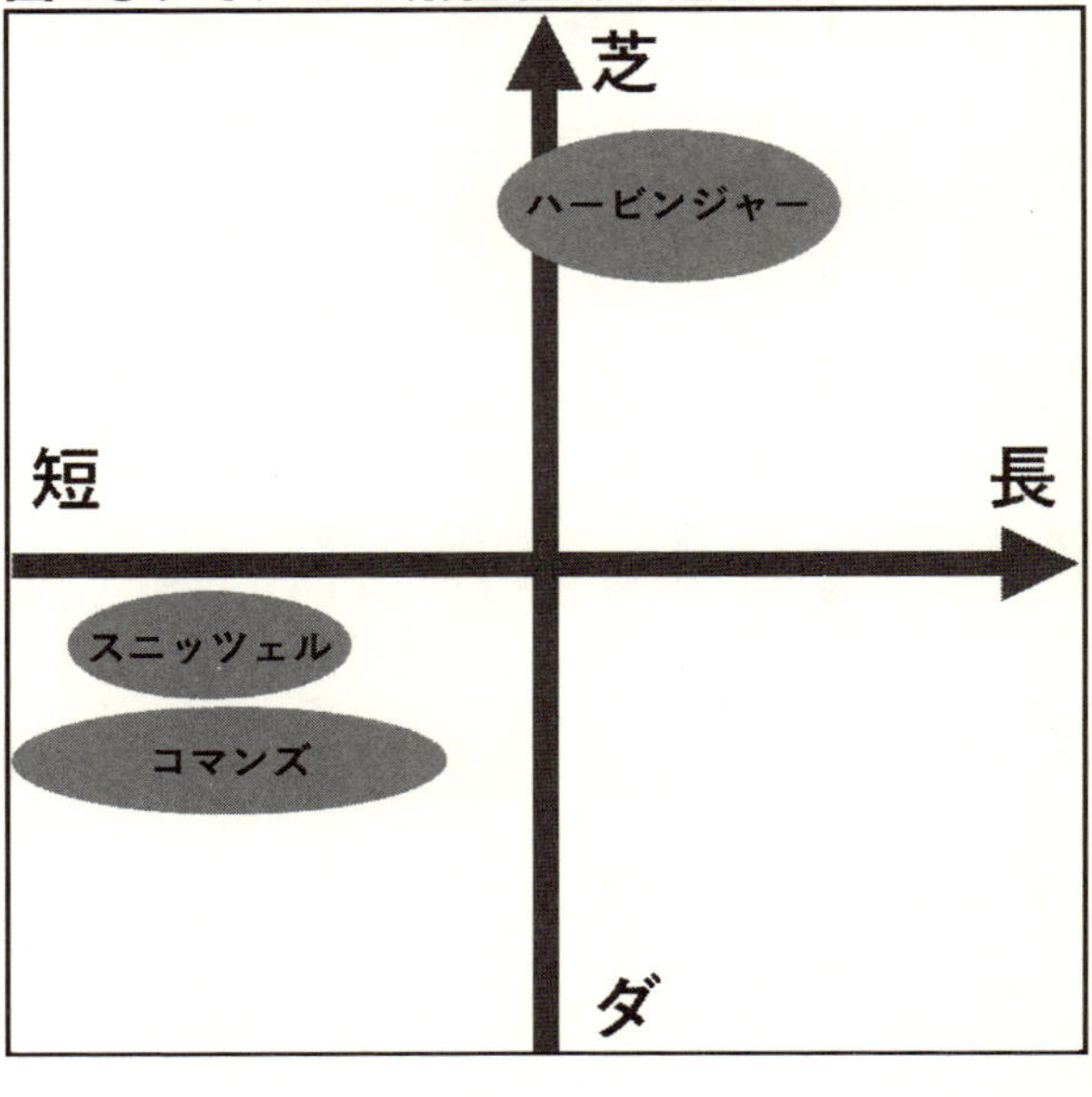

て、デインヒル系種牡馬の適性イメージを図2にまとめておく。

続いて、ハービンジャー産駒の活躍馬の血統を精査しよう。

着別度数10傑に入る産駒の血統をまとめた表2を見れば一目瞭然である。サンデーサイレンス系（以下、SS系）牝馬との交配を大きな目的として日本へ供用されたにせよ、ポトマックリバーを除く全頭の**母父がSS系種牡馬**という、シンプルな傾向が見てとれた。

ポトマックリバーも二代母父がSSであるから、相性のよさはいうまでもないだろう。さらに、大種牡馬ノーザンテーストを筆頭とする、Northern Dancer系（以下、ND系）との相性も触れておかねばならない。

表2中、二代母父がND系である馬が10頭中5頭、五代母父までにND系の父を持つ馬が9頭である。日本競馬がND系からSS系へと推移してきた歴史的背景はあるにせよ、**ハービンジャー＝サンデーサイレンス系×ND系**が好走馬の必要条件であることに間違いはない。

ちなみに、マッサビエルを除く9頭がいわゆる**社台系牧場産**（ノーザンF、社台F、白老F）であることを付け加えておきたい。

●極端なレース展開に不向き

母母父名	着別度数
サンデーサイレンス	4- 0- 2- 4/10
デイクタス	3- 2- 0- 5/10
Nureyev	3- 1- 1- 3/ 8
ノーザンテースト	3- 1- 0- 3/ 7
メジロライアン	3- 1- 0- 2/ 6
ジェイドロバリー	2- 3- 1- 3/ 9
ノーザンテースト	2- 2- 1- 4/ 9
Gone West	2- 2- 1- 3/ 8
ノーザンテースト	2- 2- 1- 4/ 9
Posse	2- 1- 3- 3/ 9

ここからは、具体的に馬券へ活かすためのハービンジャー産駒の傾向を炙り出していきたい。

表3に勝率の上位5コース、表4に下位5コースを示した。勝率の高いコースまたは低いコースに共通する点はないだろうか?

フェアに比較するために、同じ距離（芝2000m）の5コース（中山・京都・小倉・中京・東京）に着目し、ラップタイムを分析した。すると、苦手としている東京芝2000mと中京芝2000mで求められる能力が正反対であるという、実に興味深い結果が得られた。

すなわち、表5を見ると、中京コースは2F（ハロン。1F＝約200m）から9Fまでのなんと1400mの間、ラップが一度も緩まない加速ラップで、**高い持続力**が求められる。

一方の東京は、残り4Fから3Fにかけて区間ラップが12秒4から11秒6となる。つまり、**急加速に対応する瞬発力**が求められるのだ。

表2●ハービンジャー産駒着別度数上位10頭の血統

順位	馬	母名	母父名
1	ポトマックリバー	フロールデセレッソ	スウェプトオーヴァーボード
2	ベルーフ	レクレドール	サンデーサイレンス
3	スワーヴジョージ	ギーニョ	サンデーサイレンス
4	スティーグリッツ	サンタフェソレイユ	アグネスタキオン
5	マッサビエル	メジロルルド	サンデーサイレンス
6	ワーキングプライド	ワーキングウーマン	フジキセキ
7	サンクボヌール	フォルクローレ	ダンスインザダーク
8	トーセンバジル	ミュゲドボヌール	バブルガムフェロー
9	ショウボート	ケアレスウィスパー	フジキセキ
10	カービングパス	ハッピーパス	サンデーサイレンス

SS系を灰色、ND系を濃灰色で示す

表3●ハービンジャー産駒勝率上位5コース

順位	コース	着別度数	勝率
1	札幌・芝1800	6- 3- 2-17/28	21.4%
2	中山・芝2000	7- 6- 1-26/40	17.5%
3	京都・芝2000	7- 1- 5-27/40	17.5%
4	阪神・芝1600外	5- 3- 2-20/30	16.7%
5	小倉・芝2000	4- 4- 0-18/26	15.4%

最小レース機会20以上を対象。以下同じ

表4●ハービンジャー産駒勝率下位5コース

順位	コース	着別度数	勝率
1	福島・芝1800	0- 1- 3-17/21	0%
2	中山・芝1600	0- 3- 3-14/20	0%
3	東京・芝1800	0- 4- 1-37/42	0%
4	東京・芝2000	1- 1- 4-19/25	4.0%
5	中京・芝2000	2- 3- 9-22/36	5.6%

表5●芝2000mのラップタイム

(11〜15年の全レースを対象)

場	0-1F	1-2F	2-3F	3-4F	4-5F	5-6F	6-7F	7-8F	8-9F	9-10F
中山	12.6	11.3	12.7	12.5	12.9	12.4	12.3	12.0	11.8	12.1
京都	12.6	11.4	12.6	12.6	12.5	12.6	12.1	11.8	11.5	11.8
小倉	12.4	11.2	11.9	12.8	12.5	12.2	12.1	11.9	11.7	12.0
中京	12.8	11.3	12.9	12.9	12.7	12.5	12.4	12.1	11.8	12.3
東京	13.1	11.9	12.0	12.4	12.6	12.5	12.4	11.6	11.5	11.9

この傾向は、図3のグラフを見ると視覚的にわかりやすいかもしれない。中京（図中▲）は2Fから9Fまで、なだらかな右下がりのグラフになっており、東京（図中×）は7F地点を境にガクンと落ち込んでいる。勝率の高いコースではラップ上の極端な特徴はなく、以上をひと言でまとめてしまうと、**ハービンジャー産駒は極端なレース展開を嫌う**、ということになるだろう。

データを採ると一般的には「どこそこのコースが得意／不得意」ということに注目されがちだが、得意なコースであっても不向きな展開になったら凡走する確率も上がってしまう。不得意なコースであっても、展開さえ向けば好走可能ということを頭に入れておきたい。

少し古い話だが、トーセンジョーダンが勝った11年の天皇賞秋を思い出してみてほしい。シルポートが引っ張った厳しい流れにより、このレースでは4コーナー入り口からの緩みが生じなかった。持続力が持ち味のトーセンはしぶとく伸びてレコード勝ち、切れ味を身上とするするタイプのブエナビスタやエイシンフラッシュは4着以下に沈ん

図3●芝2000mのラップタイム推移

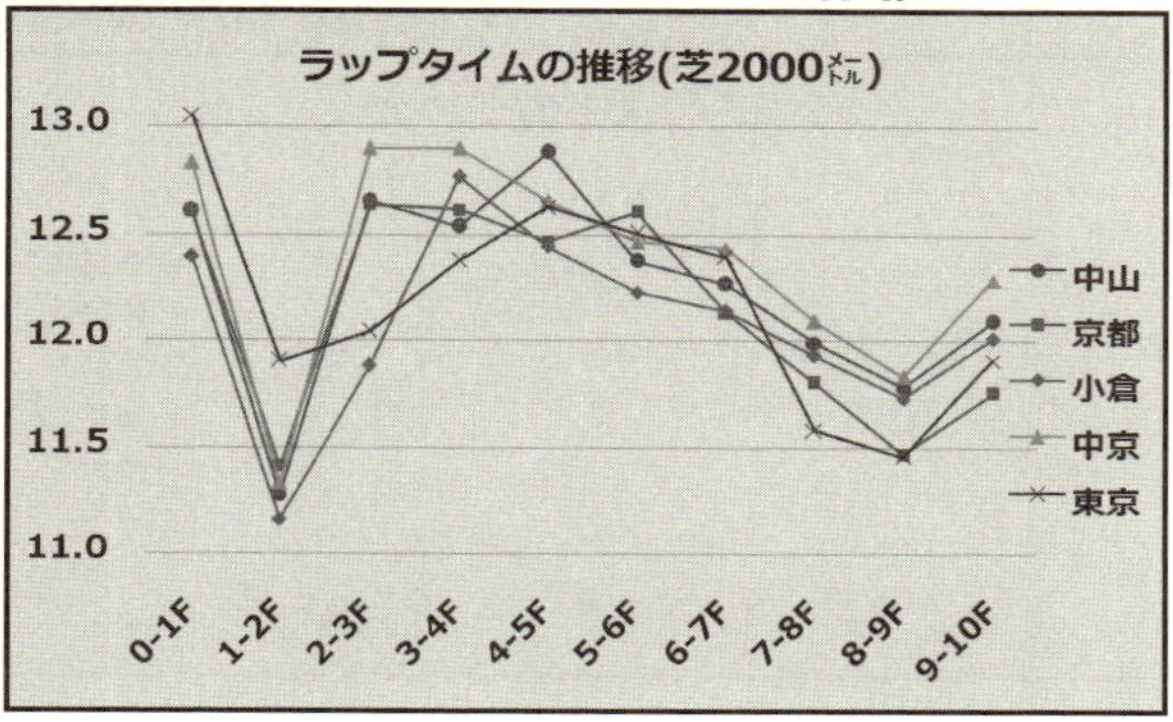

だのだ。

展開のアヤで浮上、はたまた沈没の余地はないかと考えることで、データをより深く捉えることに繋がり、一歩進んだ予想ができるだろう。

ここまで見てきた基礎的なデータを活かして、ハービンジャー産駒の今後を占っていきたい。サンプル数が十分でなく傾向が見えてこない条件やマニアックな狙い目などについても紹介することにしよう。

●ハービンジャー産駒は洋芝巧者

表3で勝率1位のコースを出しているように、札幌競馬場、ひいては、**洋芝への適性**が高そうだ。競馬場別成績で札幌芝【9―6―8―44】、函館芝【6―0―5―21】と洋芝巧者の片鱗を見せつつある。サンプル数が少ないが、既に函館芝2000m【2―0―2―4】、函館芝1800m【3―0―2―8】と好成績を収めてきており、十分

図4●芝2000mのラップタイムの推移
(11〜15年の全レースを対象)

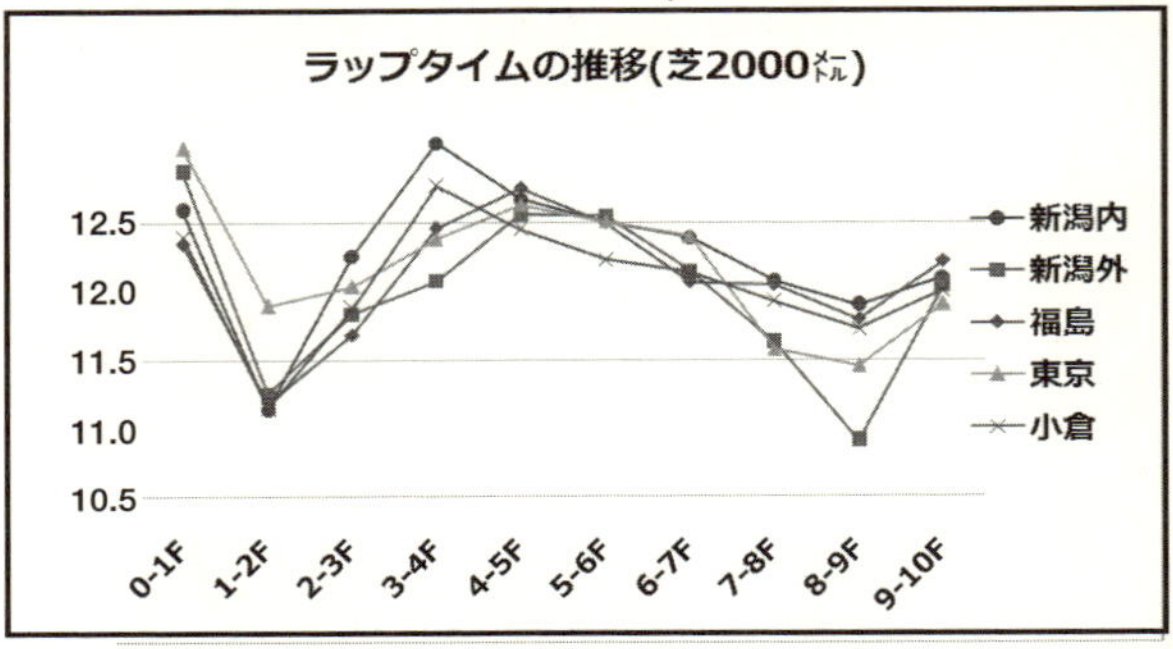

に狙える。欧州で繁栄している系統なのだから、当然といえば当然なのかもしれない。

●中京芝2000mで3着固定

　前述の通り、中京芝2000mは高い持続力が求められるため、ハービンジャー産駒の勝率は低い。しかし、表4の着別度数を見ればわかるように、**3着率は極めて高い**のだ。あと一歩のところで勝利に届かない持続力を逆手に取って、3着固定馬券を仕込むのは理に適っていそうだ。

●新潟芝2000m　内回り◯、外回り△

　ハービンジャー産駒はこれまで新潟芝2000m内【1—0—0—5】、新潟芝2000m外【1—0—1—5】とサンプル数が十分でなく、傾向が見えてこない。そこで、図3と同様に平均ラップタイムを分析した図4を見ると、わずかな差こそあれ、全体の構成として、新潟内≒小倉、新潟外≒東京であることがわかる。

このデータより、今後は新潟芝内回りで好成績を残し、外回りは低調に留まることが示唆される。極端な展開のない福島芝2000mは問題なくこなすことだろう。

●ディープインパクト×ハービンジャー

父ディープインパクト×母父Storm Catが黄金配合としてよく知られているように、ディープはND系の母との相性がいい。ディープ産駒の代表馬ジェンティルドンナの母ドナブリーニは、ND系の中でもDanzig、Lyphardの血を持つが、ハービンジャーもその両方を備えている。数年先の話になるが、母父としてのハービンジャーはディープインパクトに非常にマッチしそうだ。

●ハービンジャー産駒のまとめ

ハービンジャーはこれまでに輸入されたデインヒル系種牡馬と違い、芝の中長距離（特に2000m）を得意とする仔を出す。産駒たちは、飛び抜けた持続力も瞬発力もないが、競走馬としての基本性能は平均的に高く、万能に対応できている。16年夏、函館・札幌の条件戦を中心に大フィーバーの予感がする。

キンシャサノキセキ

表6●キンシャサノキセキ四代血統

フジキセキ	サンデーサイレンス	Halo	Hail to Reason
			Cosmah
		Wishing Well	Understanding
			Mountain Flower
	ミルレーサー	Le Fabuleux	Wild Risk
			Anguar
		Marston's Mill	In Reality
			Millicent
Keltshaan	Pleasant Colony	His Majesty	Ribot
			Flower Bowl
		Sun Colony	Sunrise Flight
			Colonia
	Feather-hill	Lyphard	Northern Dancer
			Goofed
		Lady Berry	Violon d'Ingres
			Moss Rose

★キンシャサノキセキ　牡13歳　豪国産

キンシャサノキセキは高松宮記念を連覇した名スプリンター。オーストラリア産で遅生まれながら2歳でデビュー戦を勝利し、8歳で高松宮記念を制して引退するまで、息の長い活躍を見せた。

2015年にドゥラメンテでダービートレーナーとなり、15年度のリーディングトレーナーにも輝いた堀調教師のGI初制覇を飾ったのも本馬である。現役馬は3歳99頭、全体で170頭（16年1月18日時点）。

●血統背景

フジキセキを父に持つサンデーサイレンス系の種牡馬である。フジキセキの代表産駒はダノンシャンティ、ストレイトガール、

表7●キンシャサノキセキ産駒芝・ダート別成績

馬場	着別度数	勝率	連対率	複勝率
芝	34- 32- 22-326/414	8.2%	15.9%	21.3%
ダ	34- 37- 30-202/303	11.2%	23.4%	33.3%

イスラボニータなどの2000m以下に実績のある馬が中心で、キンシャサノキセキも例に漏れない。

母の父Pleasant ColonyはアメリカクラシックニニΞ冠を制したRibot系種牡馬。日本では、母父としてマルカベンチャー、二代母父としてグレープブランデーを輩出するなど、ダートに適性を与えていそうだ。意外にも、三代母Lady Berryはロワイヤルオーク賞を制したステイヤーで、近親にも欧州のステイヤーがズラリ並ぶ。

キンシャサノキセキの産駒解析

●芝・ダート兼用

まずは、産駒の基本的な特徴を押さえよう。表7の芝・ダート別成績を見ると、ダートでの勝率が10%を超えており、どちらかといえばダートを得意としていることがわかる。

しかしながら、芝での成績も決して悲観するようなレベルではなく、芝・ダート兼用と考えてよさそうだ。フジキセキ産駒はどちらかというと芝を得意としているることから、キンシャサ産駒には前述のPleasant Colonyの血が効いているのかも

図5●距離別勝率（最小レース機会15以上を対象）

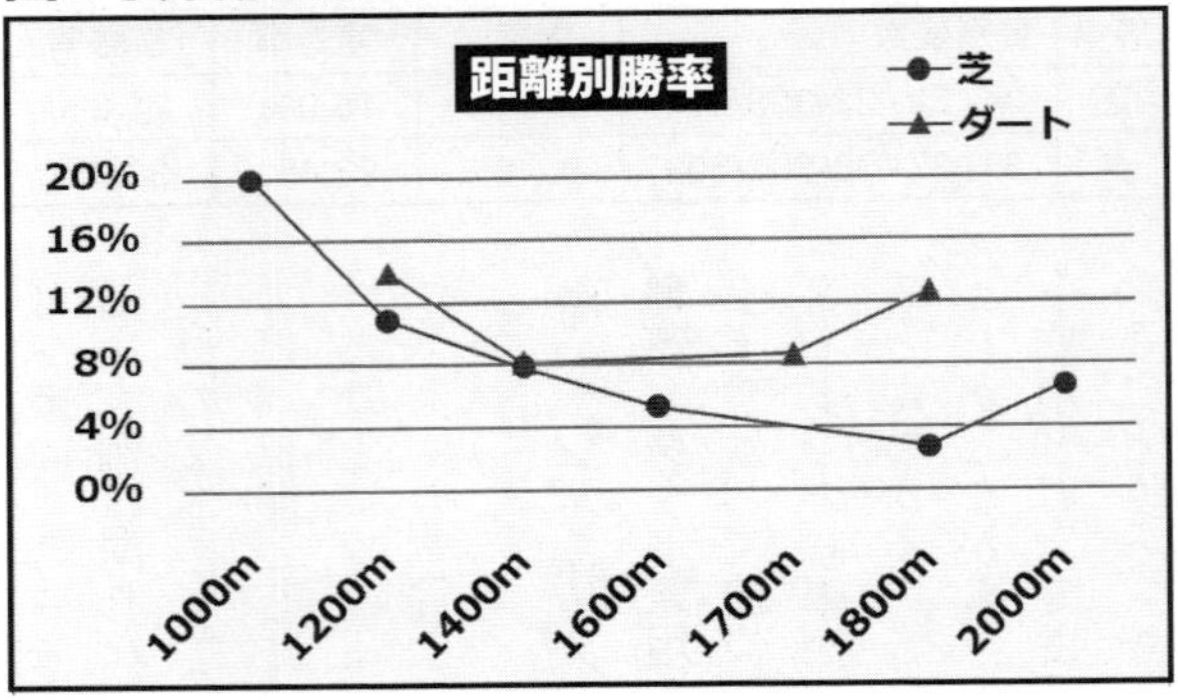

しれない。

続いて、距離適性を見極めよう。図5に距離別成績のグラフを示した。この図から、芝は１４００ｍ以下に強く、ダートは１２００ｍから１８００ｍまで幅広く対応していることがわかる。

ちなみに、競馬場を問わず**ダート１８００ｍ【７―８―６―34】で単勝回収率３１５％、複勝回収率２１２％**と馬券的にも妙味ありなので、ぜひとも覚えていただきたい。

キンシャサの現役時代を知っている人ほど、ダート、しかも１８００ｍ戦では手が出しにくいはずだ。種牡馬の現役時の適性と、ほど遠い適性を産駒が見せることはままあることで、これが競馬の面白さの所以《ゆえん》でもあるだろう。

●仕上がり早

キンシャサノキセキ産駒は、芝新馬戦【11―6―7―78】という成績で、勝率10・8％と好成績を収めている。これは、ハーツクライ（勝率10・1%）、ステイゴールド（勝率7・1%）などを凌ぐ値で、仕上がりの早さをうかがわせている。南半球のオーストラリア産（ほぼ9月以降の生まれ）ながら、2歳時にデビュー勝ちした父を彷彿とさせる成績である。

●芝はイーブンペースで本領発揮

ハービンジャーと同様に、得意&不得意なコースのラップからキンシャサノキセキ産駒の特徴を導き出していきたい。まずは、芝レースから見ていくことにする。

表8に芝のコース別成績を勝率順に示した。上位5コースが1400m以下ばかりというのは、前述の距離別成績に合致する結果である。しかし、同じ1400m以下でも下位にランクしているコースがあるのもまた事実である。

表8●キンシャサノキセキ産駒 芝コース別成績（勝率順）

順位	コース	着別度数	勝率
1	新潟・芝1000	3- 2- 1- 9/15	20.0%
2	京都・芝1400	3- 2- 1-11/17	17.6%
3	阪神・芝1400	3- 4- 1-15/23	13.0%
4	小倉・芝1200	4- 6- 3-18/31	12.9%
5	中山・芝1200	3- 2- 2-18/25	12.0%
6	中山・芝1600	2- 0- 1-16/19	10.5%
7	中京・芝1400	2- 2- 0-18/22	9.1%
8	福島・芝1200	2- 3- 2-24/31	6.5%
9	東京・芝1600	1- 2- 1-13/17	5.9%
10	東京・芝1400	2- 3- 6-39/50	4.0%

最小レース機会15以上を対象

これらの間に決定的な違いはあるのか？　ラップ推移から分析していきたい。

ラップタイムを比較するうえで、勝率2、3位で

表9●芝1400mのラップタイム
（11〜15年の全レースを対象）

場	0-1F	1-2F	2-3F	3-4F	4-5F	5-6F	6-7F
京都	12.4	11.0	11.7	11.8	11.8	11.6	11.8
阪神	12.4	11.0	11.5	11.8	11.7	11.7	12.2
中京	12.4	11.0	11.5	12.1	11.9	11.8	12.2
東京	12.6	11.3	11.8	12.1	11.5	11.4	11.9

ある1400m戦に着目した。

表9に各コースの平均ラップタイムを示した。このデータをよく見ると、勝率の低い中京・東京に共通点があることに気づく。そう、3―4Fのラップタイムが12・1なのである。

タイムが一致した点はたまたまに違いないが、本質的には12秒を超えるラップがあるということが重要と考えられる。すなわち、キンシャサ産駒は**ペースが緩む展開に弱いのだ**。裏を返せば、**ペースの上下の少ない展開で力を発揮**できるということだ。

京都のラップがその顕著な例で、2F目から7F目まで11・6〜11・8のほぼ一定のペースで走り切るのである。まとめると、極端に速い脚は使えないが、スピードの持続力に優れるという推測は成り立つだろう。

●ダート1200m戦は我慢比べの展開で浮上

この調子で、ダートについても見ていこう。表10にダートのコース別成績をまとめた。一目瞭然だが、1200、1800mで好成績を収めているので、これらについて理解を深めていきたい。

まずは、1200mから見ていこう。これまでと同じくラップタイムに着目すると、またしても規則性を発見できた。表11にあるように、好走している中山・京都・阪神の3コースは1F過ぎから一度もペースが上がらないのである。

いいかえれば、最後はバテようとも、序盤から出し惜しみせずにスピードを出して**我慢比べに持ち込めるコース**である。中京・新潟は3Fから一度ペースが緩むので、キンシャサ産駒が持続力型だとすると、今後苦戦が続くのではと類推できる。これは、先ほどの芝1400mでの分析結果からも裏付けられそうだ。

表10●ダートコース別成績

順位	コース	着別度数	勝率
1	中山・ダ1200	8- 3- 4-27/42	19.0%
2	阪神・ダ1800	3- 3- 4- 7/17	17.6%
3	京都・ダ1200	3- 1- 5-11/20	15.0%
4	京都・ダ1800	2- 4- 0- 9/15	13.3%
5	阪神・ダ1200	2- 2- 2-16/22	9.1%
6	京都・ダ1400	2- 5- 1-17/25	8.0%
7	東京・ダ1400	2- 3- 3-18/26	7.7%

最小レース機会15以上を対象

表11●ダート1200mのラップタイム
（11～15年の全レース平均）

場	0-1F	1-2F	2-3F	3-4F	4-5F	5-6F
中山	12.1	10.7	11.5	12.3	12.4	13.1
京都	12.5	11.1	11.8	12.1	12.2	12.7
阪神	12.4	11.1	11.8	12.1	12.1	13.0
中京	12.5	10.9	11.7	12.4	12.1	12.9
新潟	12.1	10.9	11.6	12.5	12.2	12.8

●ダート1800mは後傾ラップで好走

それでは1800mでの傾向はどうか？　ひと言でいうと、「真逆」がキーワードとなる。

表12●ダート1800mのラップタイム

（11〜15年の全レース平均）

場	0-1F	1-2F	2-3F	3-4F	4-5F	5-6F	6-7F	7-8F	8-9F
阪神	12.8	11.2	13.4	12.8	12.8	12.7	12.5	12.4	13.0
京都	12.4	11.5	13.0	13.0	13.0	12.7	12.5	12.4	12.8
中山	12.8	11.8	13.0	13.3	12.8	12.7	12.9	12.8	13.3
中京	12.9	11.4	13.3	13.1	12.7	12.7	12.8	12.4	12.9
新潟	12.7	11.3	12.7	13.3	12.8	12.6	12.9	12.5	13.0

1200mでは序盤に早い**前傾ラップ**で好走しているのに対し、1800mでは後半になるにつれて早くなる、いわゆる**後傾ラップ**で好走しているのだ。

その証拠に、表12をご覧いただきたい。表10で上位にランクした阪神・京都では2F目から8F目までペースの緩みがない。対照的に、中山・中京・新潟では残り600mからの1Fで一度息を入れ直すタイミングがあるのだ。

●買わなきゃ損！　初ダート1800m

さらに個別のレースについて調べると、驚くべき事実を発見した。これまでに、キンシャサ産駒でダート1800mを勝利した馬は5頭いるが、そのうち3頭が初ダートをモノにしているのだ。

本当に驚くのはここからで、**その3頭すべてが前走芝のレースで二桁着順に沈んでいるのである**。たまたまにしてはできすぎた話とも考えられるが、**キンシャサ産駒の初ダート（1800m）**は、たとえ芝の大凡走後でもケアして損はないだろう。

表13●距離延長・短縮別成績

距離	馬場	着別度数	勝率
延長	芝	5-8-4-85/102	4.9%
	ダ	6-2-6-49/ 63	9.5%
短縮	芝	8-7-4-64/ 83	9.6%
	ダ	9-9-3-55/ 76	11.8%

●ダートの距離変更が吉

ダートの1200mと1800mで求められる能力が正反対であるという前述のデータから、ダートでは距離延長・短縮が有効な場合が多いと推測できる。実際、表13でわかるように、芝より**ダートで前走からの距離変更が奏功している。**

●キンシャサノキセキ産駒のまとめ

フジキセキの後継種牡馬として大いに期待されるキンシャサノキセキ。その産駒たちは、本質的に格別に切れる脚はなく、芝短距離のイーブンペースを得意とするのが特徴的。ダートでは、前傾ラップで持ち味を発揮する1200m型と、後傾ラップで長くいい脚を使える1800m型がおり、馬券的に狙い目になるのは後者といえる。

エンパイアメーカー

★エンパイアメーカー　牡16歳　米国産

エンパイアメーカーは米ダートGIを3勝した名馬で、ベルモントSではFunny Cideの三

表14●エンパイアメーカー四代血統

Unbridled	Fappiano	Mr. Prospector	Raise a Native
			Gold Digger
		Killaloe	Dr. Fager
			Grand Splendor
	Gana Facil	Le Fabuleux	Wild Risk
			Anguar
		Charedi	In Reality
			Magic
Toussaud	El Gran Senor	Northern Dancer	Nearctic
			Natalma
		Sex Appeal	Buckpasser
			Best in Show
	Image of Reality	In Reality	Intentionally
			My Dear Girl
		Edee's Image	Cornish Prince
			Ortalan

冠を阻止した。米国供用自体の産駒に、BCディスタフ連覇のRoyal Delta、米三冠馬American Pharoahの父Pioneer of the Nileがいる。日本でも、持ち込み馬のフェデラリスト（中山金杯、中山記念）やイジゲン（武蔵野S）が活躍した実績がある。

２０１１年から日本で供用され高い人気を誇ったが、16年から米国に帰国することになる。現役馬は、３歳１２５頭、全体で２６３頭（16年1月18日時点）。

●血統背景

父Unbridledは「Unbridled系」としても過言ではないほど、父系の広がりを見せており、ミスプロ系の最大勢力を誇る系統を率いる。

米クラシックに強いのが最大の特徴で、エンパイアメーカーを含めて、Grindstone、Birdstone、サマーバード……と枚挙にいとまがない。15年にAmerican Pharoahが三冠馬となったのも頷ける。

母の父El Gran SenorはNorthern Dancerの直仔で、日本では同じく母の父としてアルナスライン（日経賞、菊花賞2着、天皇賞春2着）、アドマイヤサンデー（阪神牝馬特別2着）を輩出。血統構成としてはIn Realityの4×3というクロスが特徴的で、これほどマンノウォー系の血を豊富に持つ種牡馬は、日本ではめったにお目にかかれないだろう。

表15●エンパイアメーカー産駒 芝・ダート別成績

馬場	着別度数	勝率	連対率	複勝率
芝	16- 23- 18-244/301	5.3%	13.0%	18.9%
ダ	50- 40- 48-518/656	7.6%	13.7%	21.0%

エンパイアメーカーの産駒解析

●ダートに適性あり

芝勝率5・3％、ダート勝率7・6％。その他の率ベースのデータでは、ややダート優勢の格好。芝・ダートいずれも勝率が10％を超えず、そもそも日本競馬への適性、または競走馬としての絶対能力という意味で疑問符が残る結果となった。

表16●馬場状態別成績

馬場状態	着別度数	勝率	連対率	複勝率
芝・良	10- 19- 12-198/239	4.2%	12.1%	17.2%
芝・稍重	5- 3- 5- 35/ 48	10.4%	16.7%	27.1%
芝・重	1- 1- 1- 11/ 14	7.1%	14.3%	21.4%
ダ・良	21- 24- 25-291/361	5.8%	12.5%	19.4%
ダ・稍重	12- 3- 10-120/145	8.3%	10.3%	17.2%
ダ・重	10- 9- 8- 69/ 96	10.4%	19.8%	28.1%
ダ・不良	7- 4- 5- 38/ 54	13.0%	20.4%	29.6%

芝・不良はレース機会0のため除外

●道悪で本領発揮

しかしながら、馬場状態が悪化すると様相は一変する。表16で明らかなように、芝・ダートともに、勝率が良馬場の倍以上にハネ上がるのだ。このデータからわかるのは、エンパイア産駒は日本の軽い芝、及び日本のダート＝砂にも対応できていないということだ。

輸入種牡馬産駒が、水を吸って重くなった芝で本領を発揮するケースはよくある話で、これもその一例だろう。アメリカのダートは砂というよりむしろ、土に近いという。土は有機物を含むので、常に粘性を保持するが、有機物を含まない砂は水分を含まない限り粘性を持たない。

雨によって、土に近づいたダートがエンパイア産駒に絶妙にマッチしたと考えられる。

芝・ダートいずれにせよ、**雨の日のエンパイアメーカー産駒**は激走の可能性が高まるので、要チェックだ。特に、**ダートの**

図6●距離別成績　（最小レース機会20以上を対象）

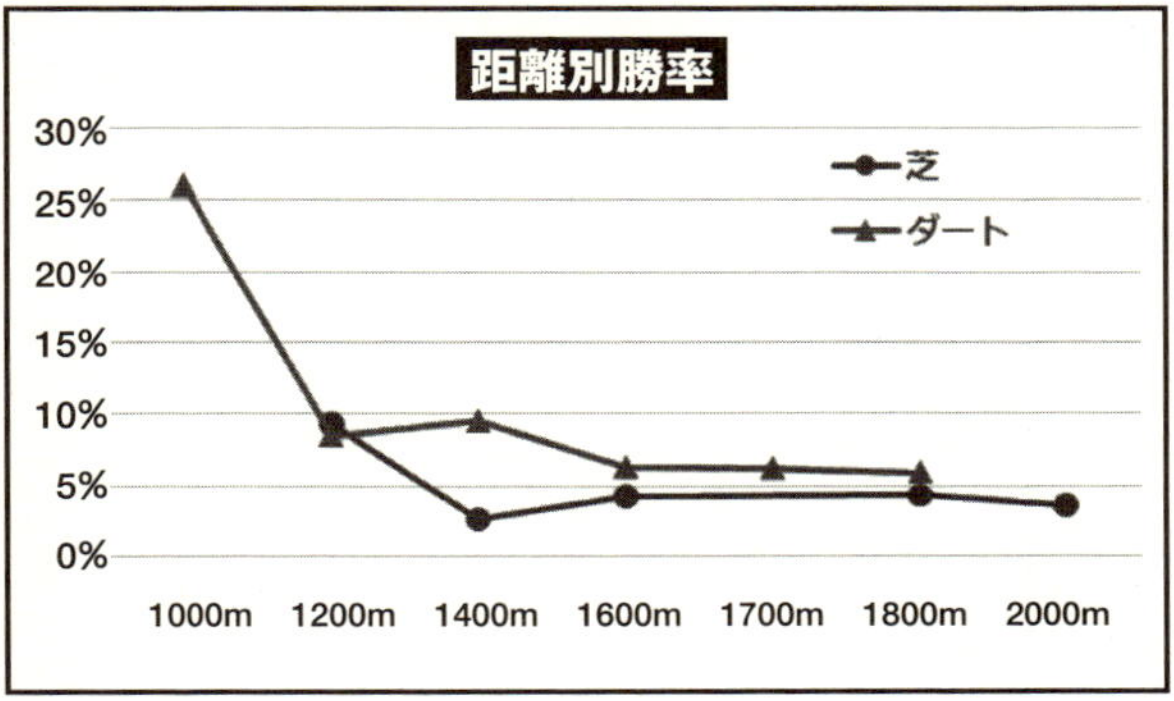

重馬場で単複回収率がともに100%超なので覚えておきたい。

●芝1200m、ダート1000〜1400m

これまでの種牡馬と同様に、次は距離適性を調べよう。図6に距離別勝率をグラフ化した。

最初に目につくのが、ダート1000mの成績だろう。着別度数【6―3―5―9】で好走率が極めて高く、**単複回収率がともに170%オーバー**と妙味ありだ。

この1000m戦が際立っているせいで目立たないが、1200、1400mの勝率も10%にわずかに及ばない程度で、悲観する成績ではない。

一方で、図でわかるように**芝では1200m以外お呼びでない**という様相を呈している。とはいえ、ダートのデータから類推するに、芝1000mでも活躍の予感が漂っているので、今後に注目したい。ちなみに、原稿執筆時点では芝1000m1戦1勝である。

●ミスプロのクロスが必須

次に、エンパイア産駒の活躍馬の血統を見ていこう。パッと見てわかることは、母の父にMr. Prospector（ミスプロ）系種牡馬が、二代母父にND系種牡馬が多いことである。意外なことに、サンデーサイレンス系種牡馬の名前はそれほど多くない。「非SS系種牡馬にはSS系牝馬」と相場が決まっているのに……だ。

このデータを受けて私が考えた仮説は次の通りだ。**「エンパイア産駒の好走馬は、Mr. ProspectorまたはNorthern Dancerの4×5以上のクロスを持つ」**。

冒頭で述べたように、エンパイア産駒は全体的に見て日本で生きづらさを感じている。それは、父から受け継いだ適性が日本の馬場に合わないからだ。では、どうしたらよいのか？

母母父名
ジェイドロバリー
Green Dancer
トニービン
ミルジヨージ
Nureyev
ダイナガリバー
シエイディハイツ
Theatrical
Danzig
マルゼンスキー

私なりの仮説としては、エンパイア臭の元になる性質を上書きしてやればよいと考えている。

具体的には血統背景の項で、エンパイアは今では珍しいIn Realityの4×3の濃いクロスを持っていることを述べ

表17●エンパイアメーカー産駒本賞金10傑

馬名	母名	母父名
スーサンジョイ	グランジョイ	ダンスインザダーク
パワーポケット	タカラグリーン	タマモクロス
ナムラアン	アイリッシュピース	サンデーサイレンス
ワンダーアツレッタ	ワンダーマッスル	キンググローリアス
ナンゴクロマンス	ミスフェリチタ	フォーティナイナー
マハロマナ	ルピナスレイク	キンググローリアス
コウエイラブリー	ダイワサンルージュ	コロナドズクエスト
ネオヴァシュラン	ピサノキャニオン	サンデーサイレンス
ポッドフィズ	スイートフィズ	クロフネ
ソルプレーサ	アブラシオ	グラスワンダー

3、4歳馬を対象。ミスプロ系を灰色、ND系を濃灰色で示す

た。これに優る血量を実現できる配合にすることが、日本への適性を生み出すのではないだろうか。実際、表17中の10頭はすべてこの仮説を満たしている馬だ。

●3歳7月に覚醒

また、エンパイア産駒は早熟型ではないということも特筆に値する事実だろう。わずか2世代しかデビューしていないが、2歳時に2勝目を挙げた馬がこれまで存在しない。

4連勝で大和S（OP特別）を制し、今や飛ぶ鳥を落とす勢いのスーサンジョイでさえ、デビューは3歳で、2勝目までに7戦もかかった。最速で2勝に到達した馬でも6戦かかっている。

図7（P30）に年齢・月別勝率を示した。今回扱った同世代種牡馬たちを比較してみたところ、やはり面白い傾向が見られた。エンパイア産駒は、**3歳の6月を境に**

図7●年齢・月別勝率

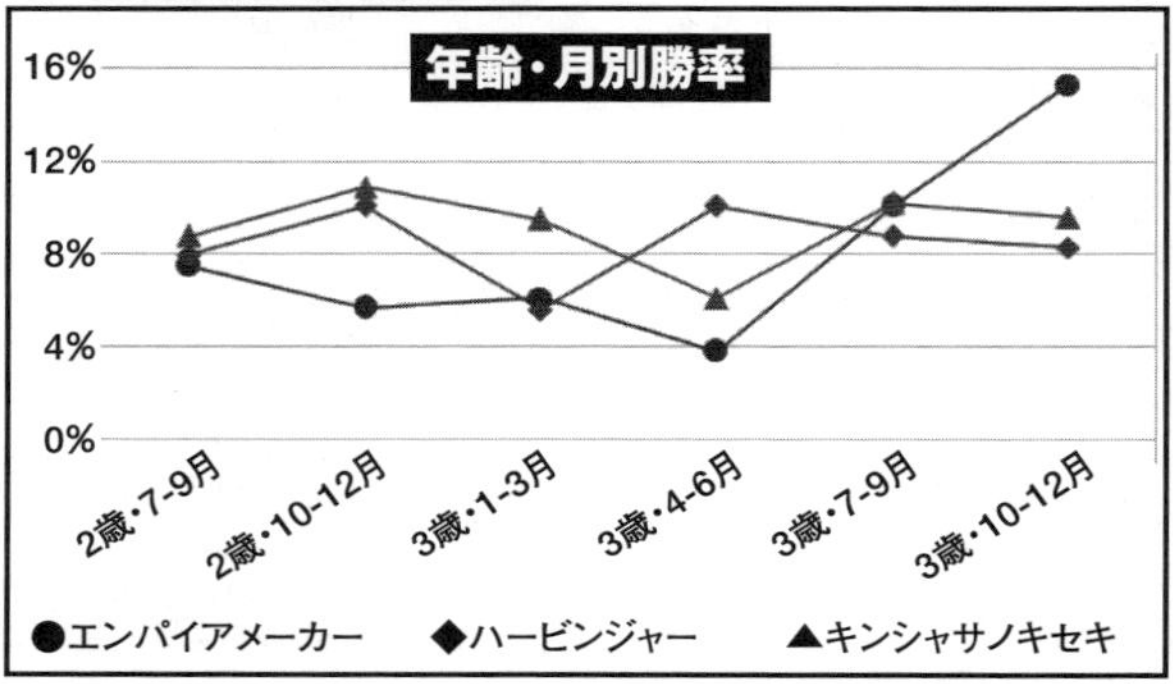

急激に勝率が上昇するのである。

3歳の年末ともなると、同世代の競走馬はほとんどデビューしているはずで、競う相手の母数が増える。すると、単純に考えて競争率は激しくなるはずである。それにも関わらず、15％もの勝率を計上しているのは驚異的なことではないだろうか。ここまで苦戦が続いているが、年齢を重ねる今後の成長力に大いに期待したい。

●武豊騎手×エンパイアメーカー

エンパイアメーカー産駒と武豊騎手の相性は抜群によく、着別度数【5―1―2―10】である。しかも**単勝回収率112％、複勝回収率155％**のオマケ付きだ。個別のレースについて調べると、驚くべきことに、全5勝（4頭）すべてが逃げ切り勝ちである。**武豊騎手×エンパイア×逃げ**は鉄板といえる。

●芝×内枠

図8●芝・枠番別勝率

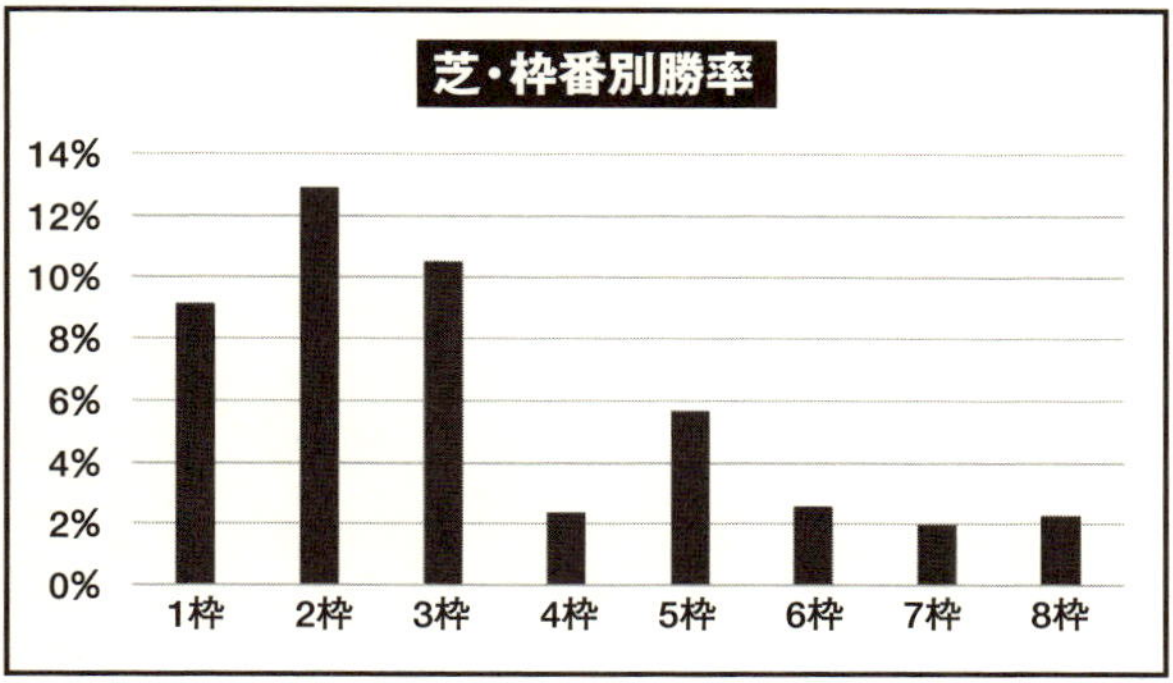

図8の芝の枠番別勝率を見ると、1～3枠の内枠の成績が異様なほどにいいことがわかる。これには、代表産駒のワンダーアツレッタ、ナムラアンが高確率で内枠を引いているというラッキーも背景にあるが、引き続き注目していきたい側面である。

●エンパイアメーカー産駒のまとめ

エンパイアメーカーの最大の特徴は、3歳夏からの成長力にあると考える。現時点では苦戦を強いられているが、今の低評価を覆すポテンシャルは持ち合わせていそうだ。

現状は、まともに戦っても力負けしてしまうので、道悪や枠の利があるときに狙うのがベター。ピンポイントデータとして、ダート1000mの激走は覚えておこう。

9
シュウジ

M・デムーロ、ルメール、武豊騎手、そして……

回収率がハネ上がる
騎手買い新戦略

中園　翔

工学部社会基盤学専攻。京都府出身。幼い頃から父親に連れられ、競馬ブックを片手に、ほぼ毎週、京都競馬場へ参戦。カタカナは馬名を通して、足し算と引き算は馬体重の増減を通して学んだとか。好きな馬はテイエムオペラオーとブエナビスタ。本命党で堅実な買い方を好む。最近は、特別戦の多頭数レースを中心に、一日厳選4鞍か5鞍に全力投球。

Ｍｙ予想法～新聞のタテ読みのススメ～

つい最近、競馬場で耳にした競馬ファンのとある言葉が印象に残っている。

「全レースやっていたら、とてもプラスにならないよね」

そりゃそうだ。試行回数が多いほど、大数の法則によって、回収率はＪＲＡが定めている還元率に近づいていくのが関の山。つまり、「儲けたいなら賭けるレースから選べ」ということだ。

レースの選び方はなんでもいい。例えば、競馬は基本的に前が有利なので、前が残りやすいコースだけ勝負するというのも、ひとつの手だろう。別にそんな合理的な判断に依らなくてもいい。

私は基本的に、朝は手を出さず、特別戦以降の多頭数レースでサイフを紐解く。特別戦以降を選ぶ理由は、各馬の個性や力関係がハッキリしており、予想の根拠となるファクターが多いから。多頭数レースに限るのは、そっちのほうが配当が高いから……という漠然とした理由だ。大事なことは、理由はどうあれ、一日の賭けるレース数を絞るということである。

賭けるレースの目星がつくと、本腰を入れて予想するのだが、皆さんはまず予想紙のどこを見るだろうか。印。近走成績。それとも、別のファクターだろうか。

私は、ざっと印を見て、人気している馬を把握した後に、まずコース別成績をチェックする。続いて距離別成績に目を通す。そして、それらを通して、その馬が結果を出している条件を導き出す。

つまり、まず新聞をタテに読み、馬ごとの特性を把握する作業に時間を費やす。この新聞のタテ読みこそが、予想のうえで最も大事な部分だと私は思っている。

なぜなら、５００万下～１６００万下くらいのレースでは、出走馬の力量差が拮抗しているため、条件替わりなどで力量差をはねのけてしまうケースが多く、得意な条件を使ってきた馬を買うだけで簡単に当たったりするからだ。

さすがに重賞ともなると力量差が開くため、新聞をヨコに読む、つまり出走馬同士の能力を比較することも大事になってくるが……。

さて、先ほど、私は新聞のタテ読みが大事だと述べた。コース別成績と距離別成績を見るだけで、ある程度のタテ読みはできる。だが、そうやって馬を選んでいては、たいてい人気になっていたりする。

そこでだ。「私、実は隠れたコース巧者、距離巧者なんですよ」という馬を見つけ出せると、思わぬ好配当が引っかかったりもする。

ケース①2015年秋華賞：クイーンズリング

舞台は京都芝2000m内回り。このコースは直線が短いため仕掛けが早くなりやすく、想像以上に末脚の持続力が必要になる。私が本命に推したクイーンズリング（5番人気）は、それまで京都コースも2000mの距離も走ったことがなかった。

しかし、持続力を必要とされる中山芝1800m、阪神芝1400mでは勝っていたことから、隠れたコース適性があるのではないかと思い、本命にした。結果は2着。ミッキークイーンをクビ差まで追い詰めたので満足だった。

ケース②2016年愛知杯：バウンスシャッセ

抜けた馬がおらず、大混戦の様相を呈していたが、こういうレースでこそ新聞のタテ読みが効いたと今になって思う。

バウンスシャッセ（8番人気）は、当該舞台である中京は【0－0－0－1】だった。

しかし、フラワーCや中山牝馬Sを制しているように、直線で坂のあるコースでハマれば、牝馬同士では力が抜けており、中京に隠れたコース適性があったといえよう。2戦連続の二ケタ着順だったが、体調不良や適性外などそれぞれに理由があった。

穴馬を狙うには、近走で負けた理由をしっかりと説明できることも大事だろう。

また、「新潟千直では前走ダートで前に行ってタレてしまった馬を狙え」とよくいわれるが、これも、新潟千直は道中息が入らず持続力が必要なので、前走ダートで前に行って持続力を見せていた馬を買えばいいという、隠れたコース適性を見つけ出す話である。

「千四と千六はまったく違う」という言葉も、千六では道中ラップが緩む場面があるため、基本的に瞬発型の馬のほうが来やすいが、千四はそのような場面がないため持続型の馬のほうが来やすいという違いが明確に存在するからである。つまり千六と千四は基本的には、隠れたコース適性のリンクはない、ということである。

やや長くなってしまったが、これが、私が思う新聞のタテ読みの真髄である。人気馬でも穴馬でも、この作業をキッチリ行なえば、コンスタントに当てることができるようになると信じている。それでは本稿のテーマである、「騎手の買い方」に入ろう。

人気になるから難しい…M・デムーロ、ルメール騎手の買い方

２０１５年、競馬界に大きな転換期が訪れた。ＪＲＡが外国人騎手の通年免許取得を認め、Ｍ・デムーロ、ルメールの両名が騎手免許試験に合格。史上初のＪＲＡ所属外国人騎手が誕生した。

15年3月から12月までに、Ｍ・デムーロ騎手は日本ダービーやチャンピオンズＣなど重賞11勝（ＧＩ４勝）、ルメール騎手は阪神ＪＦなど重賞9勝（ＧＩ１勝）を挙げ、大車輪の活躍を見せた。

「競馬は外国人騎手を買っておけば儲かる」

本当にそうなのだろうか。15年3月1週から12月4週までの両名の成績を表１にまとめた。Ｍ・デムーロ騎手の単勝回収率１０７％は驚異的だが、その他の回収率は80％台に収まっている。したがって、**策もなく単純に両騎手を買い続けていても、一概に儲かるとはいえない**わけである。そこで本項では、16年も活躍が期待されるＭ・デムーロ、ルメール両騎手の狙い時を、徹底分析していく。

まずは、両騎手の過去5年の芝・ダート別成績（表2）について見てみよう。Ｍ・デムーロ騎手とルメール騎手で傾向に違いが見られるのがわかる。

表1●M・デムーロ、ルメール騎手の2015年総合成績

騎手	着別度数	勝率	複勝率	単回率	複回率
デムーロ	118-91-59-371	18.5%	41.9%	107%	83%
ルメール	112-90-70-301	19.5%	47.5%	80%	83%

2015年3月〜12月。表2、3も同

表2●両騎手の芝・ダート別成績

	騎手	勝率	複勝率	単回率	複回率
芝	デムーロ	20.1%	42.6%	110%	86%
	ルメール	17.5%	42.7%	91%	81%
ダ	デムーロ	12.3%	37.3%	74%	76%
	ルメール	17.4%	43.1%	72%	89%

M・デムーロ騎手に注目すると、芝とダートで成績に大きな差が出ており、特に芝の勝率はダートの1・5倍以上になっている。芝の単勝回収率は5年間の成績をとっても、110%という素晴らしい数字をマークしていることは刮目に値する。一方、ルメール騎手には芝とダートでそれほど成績に差はない。

また、この表2を違う角度から見てみる。両騎手ともに、芝では単勝回収率>複勝回収率となっており、ダートでは複勝回収率>単勝回収率となっている。したがって、M・デムーロ、ルメール騎手は**芝ではアタマから狙うほうが得策であるが、ダートでは複系の馬券で狙ったほうがいい**ということだろう。

続いて、両外国人騎手が力を発揮するクラスについて分析する。表3に目を移していただきたい。開いた口が

表3●両騎手のクラス別成績

クラス	騎手	勝率	複勝率	単回率	複回率
新馬・未勝利	デムーロ	18.2%	43.0%	91%	80%
	ルメール	18.7%	47.2%	71%	82%
500万下～1600万下	デムーロ	15.7%	38.1%	81%	80%
	ルメール	16.5%	40.3%	78%	85%
OP・重賞	デムーロ	16.3%	41.0%	154%	92%
	ルメール	17.1%	38.6%	134%	91%

表4●両騎手の人気別成績

人気	騎手	勝率	複勝率	単回率	複回率
1～5番人気	デムーロ	19.6%	47.7%	80%	83%
	ルメール	20.1%	48.4%	79%	80%
6～9番人気	デムーロ	8.2%	16.4%	149%	80%
	ルメール	7.7%	23.2%	107%	107%
10番人気～	デムーロ	1.8%	8.9%	118%	71%
	ルメール	2.0%	10.2%	65%	80%

2011年1月～2016年1月13日

塞がらないとはこのことであろうか。

両騎手ともにＯＰ・重賞での単勝回収率が異様に高い。しかしながら、その勝率は他のクラスと変わらない値である。このことから、ＯＰ・重賞では、人気馬はもちろんのこと、人気がそれほど高くない馬でさえ1着に持ってきているといえる。

これは外国人騎手の勝負強さを、まざまざと見せつけられるデータである。特に、Ｍ・デムーロ騎手のＧⅠの単勝回収率は３０７％！　逆らうのがおこがましい気さえする。最近では15年12月のチャンピオンズＣ、12番人気サンビスタ（単勝66・4倍）で大穴をあけている。

まとめると、「両騎手はイメージ通り、**OP・重賞でこそ狙うべし**」と結論付けられる。

最後に見てもらいたいのは、両騎手の人気別成績についてまとめた表4である。リーディング上位のジョッキーであるがゆえに、1～5番人気以内の馬に乗ることが多い両騎手であるが、その回収率を見ると、いたって特筆すべき点はない。むしろ6～9番人気の中穴における回収率が高く、そこが狙い目となっている。

予想の印で△が並ぶくらいが、ちょうどよい感じだろうか。M・デムーロ、ルメール騎手は**中穴人気でこそ、しっかりマークすべき**だといえよう。

以上、両外国人騎手について分析してきたが、複勝率などのデータから非常に信頼できる騎手であることが数字で見ることができた。だからこそ、人気になるケースが多く、その分ウマ味も減ってしまいがちなため、買う側にもひと工夫が求められるのだ。

これから増える見習騎手の狙い方を伝授！

２０１６年度から、見習騎手の減量特典がこれまでの「デビュー後3年」から「5年」に延長される。先述した外国人騎手の通年免許取得に続く、2年連続でのＪＲＡ騎手制度の改革だ。

成績上位を占める外国人騎手の増加に対応する策として、打ち出されたのだろうが、果たしてこれで若手騎手の騎乗機会が確保されうるのであろうか。エージェント制の導入や、ローカル開催の減少に対しても手を打ってこそ意味があると思うのだが……。

そんな制度面の話はさておき、馬券を買うファンにとっては、少なからず平場戦の馬柱で▲（3キロ減）や△（2キロ減）の印を多く目にすることになるだろう。

とりわけ最もデビューして日の浅い▲騎手の扱いは、その騎手の特徴もつかめないため、難しいといえる。本項では3キロ減の恩恵を受ける▲騎手にスポットライトを当て、▲騎手が穴をあける条件を見つけ出すことを目的とする。

表5は▲騎手の複勝率ベスト5のコース、表6はワースト5のコースをまとめたもの（いずれも対象コースは騎乗機会の多いコースに限定してある）。

ベスト5のコースに共通しているのは、ローカルのダートという点である。距離は、1000mや1200mの短距離が最も馬券に絡んでおり、次いで中距離となっている。

一方、▲騎手を軽視すべきなのは、東京や中山など、関東圏の競馬場で行なわれる芝のマイル前後で行なわれるレースだということがわかる。

表5●コース別▲騎手複勝率ベスト5

コース	着別度数	勝率	連対率	複勝率
札幌ダ1700	15-10-20-196	6.2%	10.4%	18.7%
小倉ダ1000	23-25-35-385	4.9%	10.3%	17.7%
函館ダ1000	11-15-11-178	5.1%	12.1%	17.2%
中京ダ1800	28-27-28-404	5.7%	11.3%	17.0%
中京ダ1200	18-18-21-286	5.2%	10.5%	16.6%

2011年1月〜16年1月13日。表6〜8も同

表6●コース別▲騎手複勝率ワースト5

コース	着別度数	勝率	連対率	複勝率
東京芝1600	2-4-5-186	1.0%	3.0%	5.6%
中山芝1600	3-3-6-186	1.5%	3.0%	6.1%
新潟芝1800	6-9-3-235	2.4%	5.9%	7.1%
新潟芝1600	4-5-7-204	1.8%	4.1%	7.3%
中山ダ1200	24-16-25-784	2.8%	4.7%	7.7%

ここで注意すべきなのは、中山ダート1200mもワースト5に入っているということだろう。つまり、▲騎手が台頭するのは、よくいわれる「ダートの短距離」でもなく、「小回りコース」でもなく、あくまで**「ローカルのダート」という要素が最も重要なのである。**

どのコースで▲騎手に気をつけないといけないかがわかったところで、次は具体的にどのような馬に乗っているときに買えばいいかについて検証していく。

「▲騎手といえば逃げ、前に行く馬を狙えばよい」というのは、これまたよくいわれるセオリーだが、果たしてその馬が本当に逃げるのかどうかはレースが始まってみないとわからない。

表7●▲騎手・前走脚質別成績（ローカルのダート）

前走脚質	勝率	連対率	複勝率	単回率	複回率
逃げ	7.4%	14.5%	22.1%	78%	66%
先行	7.7%	16.5%	23.5%	98%	81%
差し	5.5%	10.2%	16.9%	58%	63%
追い込み	2.0%	4.4%	7.9%	58%	76%

表8●▲騎手・人気別成績

人気	勝率	連対率	複勝率	単回率	複回率
1〜3番人気	17.9%	32.9%	46.9%	73%	80%
4〜6番人気	8.6%	18.5%	29.0%	96%	84%
7〜9番人気	2.8%	6.5%	12.2%	58%	63%
10番人気〜	0.7%	1.8%	3.4%	65%	62%

そこで、ここでは▲騎手の騎乗馬が前走どのような競馬をしたかに注目して分析を試みる（表7）。

基本的には、前走でも前めの位置取りにつけられている馬のほうが、馬券に絡む確率が高いことが見てとれるが、回収率に注目すると、前走で逃げずに先行した馬の回収率のほうがよくなっている。

これは前走で逃げてしまっており、かつ▲騎手が騎乗している馬は、ファンも注目するため、妙味が相対的に下がってしまっているからだ。したがって▲騎手を狙うなら、前走で先行した馬を馬券で買うべきなのである。

最後に人気別成績（表8）について見ていく。

「▲騎手を買うなら、人気がないときに狙い撃ちして一発ドカンと当てたい」

なるほど——そういう意見はもっともである。しかし、データからの結論をいうと、その作戦はやめたほうがいい。7番人気以下の馬は、とても狙えるような数値になっていないからである。

最も効率がいい買い方は、4~6番人気、単勝オッズにして10倍をやや超えるくらいの馬の単勝狙いだ。さらに該当馬が牡馬であった場合、単勝回収率は112%まで上昇。全買いしてもいいレベルといえる。

見習騎手は手を出しづらいと考える方も多いだろうが、「**ローカルのダートにおいて、①前走で先行、②4~6番人気**」を合言葉のように憶えておくだけで、馬券収支は向上する。

これから目にする機会が増える見習騎手。本項がその取捨の参考になれば幸いである。

数字で証明する「人気で危ない騎手」「よく穴をあける騎手」

「1番人気になっているけど、あまり信用できない」

「この騎手はよく穴をあけるから注意しておこう」

——騎手に対してのイメージは、競馬ファンそれぞれ、十人十色に持っているだろう。

しかし、果たして本当にそのイメージが正しいのだろうか。本項では、人気馬を確実に走らせる騎手や穴馬を激走させる騎手を、イメージではなくデータによって、統計的に検証

表9●人気馬騎乗時の複勝率ベスト5

騎手	着別度数	勝率	連対率	複勝率
福永祐一	432-297-196-525	29.8%	50.3%	63.8%
秋山真一郎	100-75-51-133	27.9%	48.7%	63.0%
川田将雅	352-207-154-421	31.0%	49.3%	62.9%
勝浦正樹	106-79-60-149	26.9%	47.0%	62.2%
北村友一	89-74-54-133	25.4%	46.6%	62.0%

2011年1月〜16年1月20日。表10〜12も同

表10●人気馬騎乗時の複勝率ワースト5

騎手	着別度数	勝率	連対率	複勝率
松岡正海	89-83-68-209	19.8%	38.3%	53.5%
藤岡康太	107-77-51-202	24.5%	42.1%	53.8%
武　豊	268-188-134-470	25.3%	43.0%	55.7%
川須栄彦	136-81-58-213	27.9%	44.5%	56.4%
藤岡佑介	78-65-48-147	23.1%	42.3%	56.5%

していきたい。

まずは、人気馬について見ていく。ここでは、人気馬の定義を「単勝オッズが4・9倍以内の馬」として分析する。人気馬を「1〜3番人気馬」とする定義も考えたが、1番人気の馬に投票が集中している場合は、2番人気でも単勝オッズが10倍を超えることもあり、そういったケースを除外するため、今回は先述の定義に則って、分析を行なう。

表9は、人気馬に騎乗時の各騎手の複勝率を高い順に並べたものである（対象は騎乗機会の多い36騎手に限定した）。

福永、川田騎手といった関西のリーディング上位の騎手の名前があるのは、予想できた方がいるかもしれないが、**秋山、勝浦、北村友騎手**

の複勝率が高いという事実は意外だったという方も多いのではなかろうか。

ちなみに14年のリーディングジョッキーである戸崎騎手は36人中30位、ルメール騎手は8位、M・デムーロ騎手は23位だった。

一方、表10はまったく同じ分析のワースト5を表したものであるが、ここに入ってしまった騎手には人気馬のプレッシャーに負けず、持てる実力を発揮してもらいたいところである。ところで、この表10には武豊騎手の名前が入っているが、これは武豊騎手が乗ることで、馬の実力よりも人気が先行している場合が多いためではないかと類推できる（単勝馬券のみ突出して売れやすい騎手のひとりだ）。


続いては、穴をあける騎手について分析していくが、中穴（6～9番人気）と大穴（10番人気以下）に分けて考える。

中穴についてまとめた表11（P48）を見てもらうと、**ルメール騎手**が断トツの成績を残していることがわかる。**小崎騎手**や**伊藤工騎手**といったフレッシュな顔ぶれも揃うが、騎乗回数が多い中で好成績を残しているのは**北村友騎手**と**秋山騎手**。この2人は人気馬に乗ったときの複勝率も高かったので、オールマイティーな活躍をしていることがわかる。

表11●6〜9番人気馬騎乗時の複勝率ベスト5

騎手	成績	勝率	連対率	複勝率
ルメール	14-14-14-139	7.7%	15.5%	23.2%
小崎綾也	13-10-21-187	5.6%	10.0%	19.0%
北村友一	46-62-88-834	4.5%	10.5%	19.0%
伊藤工真	16-24-25-278	4.7%	11.7%	19.0%
秋山真一郎	36-59-74-729	4.0%	10.6%	18.8%

表12●10番人気以下馬騎乗時の複勝率ベスト5

騎手	成績	勝率	連対率	複勝率
松田大作	19-24-29-855	2.0%	4.6%	7.8%
田辺裕信	19-18-38-930	1.9%	3.7%	7.5%
津村明秀	9-28-42-1044	0.8%	3.3%	7.0%
丸田恭介	21-37-29-1185	1.7%	4.6%	6.8%
北村宏司	15-14-27-833	1.7%	3.3%	6.3%

そして、この分野での回収率が単複ともに100%を超えていたのは、たった2騎手のみ。それはルメール騎手と秋山騎手だった。この2騎手はぜひともヒモで押さえておくべきだろう。

最後は大穴についてまとめた表12を見てほしい。ここでは、大穴をあける回数も重要な事項であるため、「最少レース機会数＝800レース」という制約をかけて分析した。

その結果、最も大穴をあける確率が高い騎手は**松田騎手**、次いで**田辺騎手**であるということがわかった。

松田騎手が10番人気以下の馬に乗った場合の単勝回収率は124%、複勝回収率は98%。田辺騎手の同単勝回収率は129%、複勝回収率は91％というもの。これらの数値は、他の騎手に比べて抜きん出ていた（平均単勝回収率59％、平均複勝回収率66％）。

いかがだっただろうか。イメージ通りだった方も、これまでのイメージが覆された方もいるだろうが、これは紛れもない統計的事実であることを今一度ご確認いただきたい。

今後、騎手買いをする際は、イメージではなく、事実や根拠に基づいて予想すると馬券の収支も上向くのではないだろうか。

徹底検証！横山典騎手のヤルとき、ヤラナイとき

馬柱に横山典の文字を見つけると、私は一瞬、逡巡する。

ひょっとして、（後方）ポツン騎乗をするのではないか……と。いや、追い込み馬だが、前めにつけたりするのではないか。いや、そうではなくて……。

頭の中でこうして押し問答を巡らせているうちに、わけがわからなくなり、締め切り時間が迫り……。

読者の方々には、そのような経験はないだろうか。横山典騎手はどういう騎乗をするのか読めない、いわば一種の諦念のようなものを感じてはいないだろうか。そこで本項では、

せめて横山典騎手のポツン騎乗がどのようなときに行なわれやすいか、そしてポツン騎乗を馬券に繋げることはできないかと、頭をひねって考えてみた。

検証の前に、ポツン騎乗の定義を行なう。ここでいうポツン騎乗とは「3コーナーまたは4コーナーで最後方にいる」こととする。本来は「3コーナーかつ4コーナーで最後方」とすべきなのだろうが、統計的に有意なデータ数が採れるかどうかが怪しいため、先述のように、ポツン騎乗を定義する。

まず、横山典騎手は本当にポツン騎乗が多いのかという点について見てみる。

表13はリーディング上位騎手のポツン率を示したものである。ご覧の通り、横山典騎手のポツン率は他の騎手の約2倍近くを記録しており、明らかにズバ抜けてポツン騎乗する確率が高いと結論付けられる。

では本題の、どういう場合にポツン騎乗

表13●リーディング上位騎手のポツン率

騎手	ポツン回数	騎乗回数	ポツン率
横山典弘	252回	3191回	7.9%
福永祐一	80回	3898回	2.1%
戸崎圭太	128回	3109回	4.1%
浜中俊	171回	4214回	4.1%
蛯名正義	133回	4058回	3.3%

2011年1月～16年1月20日。表14～16も同

表14●横山典騎手騎乗馬の前走脚質別ポツン率

前走脚質	ポツン回数	騎乗回数	ポツン率
逃げ	4回	196回	0.2%
先行	45回	819回	0.5%
差し	75回	1147回	6.5%
追い込み	103回	684回	15.1%

表15●横山典騎手の枠順別ポツン回数

枠順	ポツン回数
1枠	36回
2枠	26回
3枠	29回
4枠	28回
5枠	25回
6枠	34回
7枠	34回
8枠	40回

をするかについてだが、前走脚質別にまとめた表14をご覧いただきたい。

当然の結果ではあるが、前走で後方に位置している馬ほど、ポツン率が高いことがわかった。前走で逃げや先行していた馬のポツン確率は1%にも達していないため、統計的には無視できる範囲といっていいだろう。もし、前走で前めに位置していたのに、ポツンとなった場合は、己の運のなさを嘆くしかないといえよう。

また表15は、ポツン騎乗が起きた回数を枠順別にまとめたものである。これを見ると、最内枠と大外枠で特にポツン回数が多くなっているのがわかる。6~8枠といった外枠の場合、無理に前に行かず控えさせた結果、ポツンとなるのは合理的に説明できるが、最内枠はどうだろうか。

最内枠の場合は、中途半端に控えさせると馬群に包まれ、直線で抜け出せなくなるリスクが高まるため、下げるなら思いっきり下げさせるといった心理が働くのではないかと推察される。

いずれにせよ、①**「前走逃げ、先行ならポツン確率は1%未満」**②**「最内枠と大外枠はポツンになる回数多し」**ということがデータで実証できた。

表16●横山典騎手・前走ポツン騎乗をした馬の次走　芝・ダート別成績

次走	勝率	連対率	複勝率	単回率	複回率
芝	6.1%	14.5%	26.0%	99%	105%
ダート	6.6%	17.0%	26.4%	31%	66%
芝・継続	9.5%	19.0%	31.0%	43%	70%
芝・乗替	4.5%	12.4%	23.6%	125%	121%

最後に、これをどう馬券に繋げるかについて考えてみたい。

注目したのは、ポツン騎乗をした後の、次のレースである。すると、次走で芝とダートのどちらに使われたかで回収率に大きな差が出た（表16）。勝率や複勝率に大きな差異こそないが、芝では回収率が単複ともに100％近い値を記録している。

つまり、**ポツン騎乗をした次走の、芝のレースで穴をよくあけている**ことが判明した。さらに、横山典騎手が継続騎乗した場合と、そうでない場合の成績をまとめてみたところ、継続騎乗した場合のほうがよく馬券には絡んでいることがわかった。

しかし、回収率的には、**ポツン騎乗をした次走の芝のレースで横山典騎手から他の騎手に乗り替わった場合が断然高く、こちらのほうが狙い目**だといえる。

ここまで、横山典騎手のポツン騎乗について検証してきた。回数こそあまり多くはないが、馬券的には、ポツン騎乗をした次のレースが、儲けるチャンスだということがわかった。これを期に、横山典騎手のポツン騎乗に頭を悩ませるのではなく、味方につけられるようになってもらいたい。

「追える騎手」を馬券に繋げるメソッド

よく使う表現に、「追える騎手」「追えない騎手」という言葉がある。「剛（豪）腕」という言葉も存在するが、これらの表現は非常に抽象的だといわざるを得ない。そこで本項では、「追える騎手」とはどういうことか、そしてそれらの騎手がどういったコースを得意としているのか、について明らかにしていく。

「追える」と聞いて、まず思い浮かべるのは、「ダートが得意である」「馬を動かす技術に長けている」などといったフレーズではないだろうか。

そこで表17（P54～55）のように、ダートにおける成績と馬体重500キロ以上の馬（以下、大型馬）における成績について、主な騎手ごとにまとめてみると、大きく3つのタイプに大別できることがわかった。

タイプAは、「ダート○、大型馬○」である騎手。タイプBは、「ダート△、大型馬○」パターンの騎手。タイプCは、「ダート△、大型馬△」の騎手だ。なおダートは得意だが、大型馬は得意ではないというタイプの騎手はほとんどいなかった。

大型馬の複勝率差
5.3%
1.8%
3.3%
4.5%
6.5%
4.4%
3.5%
-2.6%
-0.1%
0.7%

これを見てわかることは、**ダートが得意な騎手ならば、大型馬を動かす技術も持っている**ということだ。大型馬を御せるからダートが得意なわけではなく、ダートが得意だから大型馬を御せるのである。これが「追える」ということの本質なのではないだろうか。

つまり、**「追える」のルーツは「ダートが得意」であることに他ならない**のである。したがって、追える騎手はタイプAに属する騎手と解することができる。なお、表17に挙げた騎手以外にも、吉田豊、古川、秋山、川須騎手らがこれに該当する。

次に、追える騎手がどのような戦法を得意としているかについて分析する。表18は追える騎手の騎乗馬の脚質別成績を示したものである。

基本的に、競馬は前めに位置したほうが有利であり、その傾向が出ていることがわかるが、とりわけ**逃げた馬の単勝回収率で、175%は見逃すわけにはいかない**。スタートダッシュのいい馬に騎乗したら確実に買わなければならないだろう。

追える騎手が得意としているコースについても、表19にまとめてみた。

ベスト5には、函館ダート1000mや、中山芝

表17●ダートにおける成績と馬体重500キロ以上の馬における成績

タイプ	騎手	全レースの複勝率	ダートの複勝率	ダートの複勝率差	大型馬の複勝率
A	ムーア	41.1%	45.3%	4.2%	46.4%
	横山典弘	34.5%	36.6%	2.1%	36.3%
	内田博幸	31.3%	33.4%	2.1%	34.6%
	幸英明	21.9%	25.5%	3.6%	26.4%
B	ルメール	43.1%	42.9%	-0.2%	48.4%
	戸崎圭太	34.4%	34.2%	-0.2%	38.8%
	柴山雄一	19.6%	19.2%	-0.4%	23.1%
C	M.デムーロ	40.4%	37.9%	-2.5%	37.8%
	福永祐一	40.3%	40.0%	-0.3%	40.2%
	浜中俊	34.2%	33.0%	-1.2%	34.9%

2011年1月～16年1月20日。表18、19も同

表18●追える騎手の脚質別成績

脚質	勝率	連対率	複勝率	単回率	複回率
逃げ	20.9%	33.9%	42.4%	175%	127%
先行	14.0%	27.4%	38.9%	111%	110%
差し	6.5%	13.6%	21.9%	68%	71%
追い込み	2.4%	5.0%	9.2%	27%	37%

表19●追える騎手のコース別複勝率ベスト5

コース	着別度数	勝率	連対率	複勝率
函館ダ1000	15-21-13-81	11.5%	27.7%	37.7%
東京ダ1300	32-25-30-157	13.1%	23.4%	35.7%
中山芝2500	7-6-12-47	9.7%	18.1%	34.7%
新潟ダ1800	53-40-39-276	13.0%	22.8%	32.4%
函館ダ1700	42-31-35-226	12.6%	21.9%	32.3%

2500m、新潟ダート1800mといったコースがランクインした。これらのコースに共通するのは、末脚の持続力が要求される舞台であるという点である。

つまり、追える騎手は、最後まで脚を保たせる技術に長けているのである。逆に、京都芝1600m外回りや阪神芝1600mの複勝率は17％前後と低くなっていることからも、追える騎手は瞬発力に長けた馬とはあまり合わないということがいえる。

また、追える騎手は持続力が要求される舞台で真価を発揮するため、このことをペースに応用すれば、息の入らないハイペースで台頭するということにいいかえることもできる。

まとめると、「追える騎手」＝「ダートが得意である」と理解することができ、**「スタートダッシュのいい馬に乗った場合や、末脚の持続力が要求される舞台で買い」**なのである。「○○騎手は追える」という単純な解釈にとどまらず、「追えるから、ここで買いである」という部分まで理解して、初めて馬券に役立つヒントとなり得るのだ。

この人抜きで競馬は語れない！天才・武豊騎手の取捨

通算3800勝、GI100勝など数々の前人未踏の大記録を打ち立ててきた、生けるレジェンド武豊騎手。ここ数年は全盛期に比べると、成績が落ちてきたことは否めないが、

表20●武豊騎手・芝距離別成績

距離	勝率	連対率	複勝率	単回率	複回率
1000〜1300m	14.0%	23.8%	30.8%	82%	72%
1400〜1600m	9.7%	20.2%	27.9%	54%	69%
1700〜2000m	13.7%	25.3%	36.1%	79%	82%
2100〜2400m	16.7%	27.2%	37.8%	105%	86%
2500m〜	9.8%	19.5%	26.8%	51%	68%
コーナー2回	11.6%	22.2%	30.6%	63%	73%
コーナー4回	15.3%	25.9%	35.9%	89%	77%

2011年1月〜16年1月20日。表21、22も同

それでも2015年は、6年ぶりに年間100勝を達成し、まだまだ腕前が健在であることを示してみせた。

その人気の高さゆえに、騎乗馬のオッズは低くなりがちであり、過剰人気だとして予想では嫌ってしまう方も多いのではないだろうか。そこで本項では、武豊騎手に焦点を当て、人気馬でも買わなければならない条件を探っていきたい。

まずは、武豊騎手の芝の距離別成績について見ていく（表20）。レース数の少ない2500m〜を除くと（年間8鞍程度）、距離が延びるほど、複勝率や回収率が安定することがわかってもらえるだろう。

コーナーが2回のレースと4回のレースを比較すると、よりわかりやすい。これは**武豊騎手の折り合いをつける技術の高さ**が要因として考えられる。

距離が延びるほど、またコーナーを曲がる回数が多くなるほど、ペースが落ち着くため、必然的にかかってしまう馬が多くなる。

それにも関わらず、武豊騎手は距離が延びるほどパフォーマンスを上げていることから、馬への当たりが柔らかく、気分よく馬を走らせる技術に長けていることが推測できる。つまり、**「武豊騎手は芝のコーナー4回のレースで買い」**なのである。

またダートについては、回収率が芝よりも劣るため、買い条件ではないということがいえる。

次に、武豊騎手の**逃げ**について分析する。武豊騎手といえば、香港カップでのエイシンヒカリの騎乗ぶりが記憶に新しいように、正確無比な逃げをすることで有名である。

事実、逃げた場合の連対率は45%と非常に高く、単勝回収率も150%となっている。しかし、ここではもう一歩踏み込んだ分析を行ないたい。

表21は、武豊騎手で逃げた馬の前走脚質別成績をまとめたものである。これを見ると、**前走逃げた馬と前走逃げなかった馬で、成績に大きな差がある**ことがわかる。

つまり、前走で逃げていて今回も逃げると思われる馬を狙うより、前走は出遅れやハイペースなど何かしらの要因で逃げることができなかったが、今回こそは逃げそうな馬を狙うほうが格段にいいのである。

表21●武豊騎手・逃げた馬の前走脚質別成績

前走脚質	勝率	連対率	複勝率	単回率	複回率
前走逃げ	24.5%	39.4%	42.6%	114%	87%
前走先行	30.2%	50.4%	62.8%	169%	128%
前走差し	34.8%	63.0%	63.0%	193%	212%
前走追込	34.6%	46.2%	57.7%	340%	208%

表22●武豊騎手・中央4場とローカル場の成績比較

場	勝率	連対率	複勝率	単回率	複回率
中央4場	11.9%	23.1%	32.5%	61%	73%
ローカル	14.0%	25.4%	33.5%	80%	72%
函館競馬場	21.4%	28.2%	35.9%	139%	72%
小倉競馬場	15.7%	28.8%	37.3%	69%	81%

最後に、中央4場とローカル場の成績を比較すると明確な差が出たので、結果を表22に示す。ローカル参戦時は中央開催よりもいい成績を残しており、単勝回収率は80%を記録、最も大きな差が出ている。

中でも、母数は少ないが、**函館では勝率や単勝回収率が非常に高くなっているため、1着付けの馬券を買うのも有効な策だろう**。またローカルの中で騎乗数が多く、最も安定した成績を残しているのは小倉であり、複勝率も4割近くを記録しているため、武豊騎手への信頼度が増す競馬場だといえる。

武豊騎手は人気になりやすいがゆえに、馬券収支を上向かせるには、その取捨が非常に重要になってくる。武豊騎手の狙い目をまとめると、「**①芝のコーナー4回のレース、②前走で逃げられなかった逃げ脚質の馬、③ローカル競馬場**」となる。これらの

表23●岩田、内田騎手枠順別成績

	岩田騎手			内田騎手		
枠	勝率	連対率	複勝率	勝率	連対率	複勝率
1枠	13.2%	24.5%	35.3%	9.3%	17.4%	28.5%
2枠	13.9%	28.1%	40.0%	11.6%	21.6%	32.5%
3枠	14.7%	27.2%	40.4%	10.5%	18.9%	29.2%
4枠	12.6%	27.4%	39.0%	9.9%	20.0%	28.4%
5枠	11.4%	26.4%	37.1%	8.8%	19.7%	32.0%
6枠	13.3%	24.5%	36.6%	15.7%	28.4%	38.1%
7枠	11.9%	24.8%	35.2%	13.7%	23.8%	33.8%
8枠	14.3%	26.7%	37.5%	10.9%	19.7%	28.0%

2011年1月～16年1月20日。表24、25も同

条件では、人気になっていようがいまいが、買っておいたほうが賢明だろう。

内枠ジョッキーVS外枠ジョッキー

枠順。それは予想する際に、大きなポイントとなる。内枠に入って馬群で脚をためるのが得意な馬もいれば、外枠に入って揉まれずに気分よく走らせたほうが直線で伸びるような馬もいるだろう。

となると当然、枠順の好き嫌いは馬だけでなく、乗る側、騎手にも存在するといえる。ここでは、枠順と騎手に注目して、買える条件を探してみたい。

地方出身ジョッキーの代表格である岩田騎手と内田騎手を比較してみると、ハッキリとした違いが見られたので、まずはこれについて紹介したい。表23に彼らの枠順別成績をまとめた。

岩田騎手は2〜4枠のやや内めの枠が得意で、内田騎手は5〜7枠のやや外めの枠で好成績を残しており、2人の得手不得手の特徴を読み取ることができる。両者の採る戦法を比較すると、岩田騎手は中団からの競馬が、内田騎手は先団に取りつく競馬が多くなっている。

つまり、岩田騎手は、道中は馬群でじっとして、直線でインをこじ開ける競馬が得意であり、内田騎手は、外枠で内枠の馬の出方を見ながら先行させ粘り込む競馬に強いということが読みとれる。**「岩田騎手のイン突き」**はおなじみであるが、それと同程度に**「内田騎手の外枠先行」**も覚えておくべきデータなのである。

続いては、極端な枠で買いたい騎手を紹介する。最内枠や大外枠といった極端な枠は、その枠に入っただけで予想家たちから嫌われやすく、人気が下がりがちである。逆にいえば、最内枠や大外枠に入ったときにこそ、妙味が生まれるともいえる。

表24（P62）は最内枠に入ったときの、表25は大外枠に入ったときの回収率が高い騎手たちをピックアップしたものである。

リーディング上位の騎手でいえば、ルメール、福永騎手が最内枠で結果を残している一

表24●最内枠の回収率が高い騎手

騎手	勝率	連対率	複勝率	単回率	複回率
小崎綾也	6.7%	12.0%	26.7%	155%	109%
松田大作	7.4%	13.6%	23.5%	137%	110%
ルメール	26.0%	39.8%	53.7%	133%	96%
武士沢友治	3.5%	7.5%	11.5%	116%	99%
福永祐一	18.0%	32.0%	44.8%	97%	98%
和田竜二	8.6%	18.2%	27.5%	97%	97%

表25●大外枠の回収率が高い騎手

騎手	勝率	連対率	複勝率	単回率	複回率
伊藤工真	5.4%	13.0%	17.3%	238%	139%
小牧太	9.6%	18.5%	26.1%	132%	82%
川田将雅	15.7%	26.5%	35.0%	112%	81%
川須栄彦	9.6%	16.3%	25.1%	99%	96%
戸崎圭太	14.8%	24.4%	33.9%	99%	88%
江田照男	3.9%	8.8%	14.8%	72%	111%

方で、川田、戸崎騎手は大外枠で力を発揮している。

これについても先ほどと同様に、採る戦法を比較すると、ルメール、福永騎手は差す競馬のシェアが大きく、川田、戸崎騎手は先行する競馬のシェアが大きかった。

したがって、狙い目は「ルメール、福永騎手のイン差し」「川田、戸崎騎手の外枠先行」となる。

他にも、主に関西で活躍している和田騎手と小牧騎手にも差が出ている。

内枠が得意な和田騎手は逃げ先行を好むイメージがあるが、確かに前めに位置取る競馬をする確率が高く、**「和田騎手×最内枠×逃げ先行」**は買いであるという結論が得られた。小牧騎手の場合は逆に、後方に位置取る競馬をすることが多く、「小牧騎手×大外枠×待機策」で真価を発揮していることがわかった。

最後に、穴をあける騎手として名高い、武士沢騎手と江田照騎手の激走条件にも違いが見られた。

武士沢騎手は騎乗回数の8割以上が差し、追い込みという極端な競馬をする騎手であるが、最内枠からのイン突きを得意としていた。対して、江田照騎手も騎乗回数の6割が差し、追い込み戦法をとっているが、こちらは大外枠からの外差しが狙い目だった。

ちなみに、両騎手ともにコース別では、東京や中山のダート短距離を得意としているので、これらが重なったときには、必ず注意してほしい。

本項のデータは馬券の核とできるほど強力なデータではないが、他の章で述べているコースによる枠の有利不利などのデータと組み合わせると、非常に効果的であるため、臨機応変に馬券に繋げてもらいたい。

本当にうまいのか!?田辺騎手の謎を紐解く

表26●リーディング上位騎手の成績比較

騎手	勝率	連対率	複勝率	単回率	複回率	平均オッズ
田辺裕信	9.5%	17.9%	27.1%	97%	86%	28.8
福永祐一	15.9%	29.8%	41.4%	81%	86%	12.4
戸崎圭太	14.0%	25.1%	35.0%	82%	79%	13.9

2013年1月〜16年1月20日。表27、28も同

田辺騎手はうまい——競馬ファンなら一度は耳にしたことはないだろうか。とある競馬雑誌で、私もルメール騎手の「タナベはバランス感覚に優れていてうまい」という発言を目にした記憶がある。

最近では、重賞での活躍も目立つ。2014年にはフェブラリーSで初GI制覇を果たし、重賞6勝。15年は重賞を5勝し、16年も年明け早々、バウンスシャッセを巧みな騎乗で愛知杯制覇に導いたのも記憶に新しい。

そこで、本項では、田辺騎手がうまいといわれる所以を紐解き、今週末から使える必見データを抽出することを目的とする。

まずは、田辺騎手とリーディング上位の騎手の近3年の成績比較を行なう（表26）。

ご覧のように、勝率や複勝率はリーディング上位の騎手に劣るが、回収率は彼らと同等、いや彼らよりも高い値を記録している。

この理由は平均オッズに注目してもらうと理解できる。田辺騎手は福永、戸崎両騎手に比べて人気馬に乗る回数が少なく、4〜8番人気くらいの馬に乗ることが多い。それにも関わらず、よく馬券圏内に突っ込んでくるため、

回収率が高くなっているのだ。

では、1～3番人気の馬に乗ったときはどうなのか。安心してください。人気馬騎乗時の田辺騎手の単勝回収率は91％、複勝回収率は82％となっており、**人気の有無に関わらず、高回収率が期待できる騎手である**といえる。これが「田辺騎手はうまい」といわれる所以だろう。


さて、そんな田辺騎手の買い時であるが、クラス別成績を表27（P66）にまとめたので参照してほしい。

まず、**注目すべきなのは重賞における回収率の高さだ**。GIでの単勝回収率971％が目を引くが、これは15年のフェブラリーSを最低人気のコパノリッキーで制した1勝のみによるものなので、参考程度に捉えていただきたい。

むしろ、複勝回収率が210％に注目すべきで、これは二ケタ人気での3着2回を含むものであり、GIでは伏兵でも軽視は禁物である。

またGⅡやGⅢでは、回収率が単複ともに100％を優に超えていることに加え、勝率や複勝率も他の条件に比べて高くなっている。これは他の騎手に見られない、田辺騎手の

表27●田辺騎手・クラス別成績

クラス	勝率	連対率	複勝率	単回率	複回率
新馬	11.5%	19.8%	29.0%	101%	78%
未勝利	9.6%	18.5%	29.1%	55%	85%
500万下	7.8%	16.5%	24.6%	102%	81%
1000万下	10.1%	19.4%	27.3%	77%	83%
1600万下	10.8%	17.2%	25.5%	85%	70%
OPEN	10.6%	14.9%	24.5%	85%	82%
GⅢ	13.0%	17.4%	29.0%	311%	147%
GⅡ	10.3%	23.1%	30.8%	187%	131%
GⅠ	3.6%	3.6%	14.3%	971%	210%

表28●田辺騎手・回収率の高いコース

コース	勝率	連対率	複勝率	単回率	複回率
中山芝1600	14.0%	24.3%	33.6%	188%	112%
新潟芝1600	24.5%	28.6%	36.7%	184%	126%
東京芝1600	6.7%	15.6%	28.9%	140%	138%
中山芝1800	13.0%	23.2%	33.3%	105%	115%
新潟芝1800	14.3%	20.0%	31.4%	62%	123%

重賞での勝負強さを表しており、彼の大きな特徴だろう。その他にも、新馬戦で好成績を残しており、このあたりが田辺騎手の狙い目であることがわかる。

表28には田辺騎手が得意としているコースについてまとめてみた。

関東での芝マイル前後のレースでは、もはや田辺無双状態である。これほどまでに回収率が高い騎手は見たことがないし、3回に1回は馬券に絡んでくれるのだから、本当に頼りになる騎手である。

芝のコースばかり並んでいるが、ダートはどうなのかというと、芝に比べてやや回収率が劣る。ただ東京ダート1600mや同1300mでは単勝回収率が100%を超えており、結論としてはマイル前後の距離で買うべきだということがいえる。

ここまで読んでもらうと、田辺騎手のうまさを実感することができたと思う。これらの成績は人気の有無に関わらず残しているため、本命党の人にも穴党の人にも手を出しやすい騎手ともいえる。

これほどまでの回収率を誇る騎手なので、数年経てばトップジョッキーの仲間入りを果たしてしまうかもしれない。そうなっては妙味がなくなってしまうため、馬券を買う側からすれば、今が旬であることは間違いない。

終わりよければ、すべてよし！最終の大逆転騎手

こんな経験はないだろうか。今日は一日競馬をやっていたけれども、まったく当たらない。あるいは、当たるには当たったが、安い配当しか獲れていない。

そういう状況にあって、ギャンブラー気質の皆さんなら、こうなるはず。「そんなときこそ、最終レースで一発逆転！」

しかし、当たっていないということは読みがズレているということである。そんな方へ

表29●騎手別 関東（東京・中山）最終レース成績

騎手	勝率	連対率	複勝率	単回率	複回率
吉田豊	6.1%	10.9%	20.9%	122%	81%
田辺裕信	9.8%	17.0%	22.6%	118%	66%
武士沢友治	3.8%	8.7%	12.0%	199%	68%
戸崎圭太	10.3%	22.8%	34.2%	38%	98%
石川裕紀人	5.6%	12.5%	22.2%	59%	93%
柴田善臣	6.9%	17.8%	25.2%	40%	73%

2011年1月〜1611月20日。表30、31も同

表30●騎手別 関西（京都・阪神）最終レース成績

騎手	勝率	連対率	複勝率	単回率	複回率
小牧太	7.7%	14.5%	21.7%	122%	71%
ルメール	19.0%	31.0%	36.2%	114%	80%
太宰啓介	2.5%	7.8%	12.3%	132%	84%
福永祐一	18.1%	30.9%	40.2%	87%	85%
松若風馬	5.8%	13.5%	23.1%	79%	139%

の言葉だが、最終レースだけでも騎手買いをしてみてはどうか。本項では、最新データによって「最終の買いジョッキー」をあぶり出す。

表29は関東の最終Rで、特徴ある成績を収めている騎手をピックアップしたものだ。

単複回収率の両面で優れた成績を残しているのは**吉田豊騎手**だった。特に5歳以上の馬に騎乗した場合にめっぽう強く、単勝回収率は170%、複勝では102%と、まさに全買いデータといえるだろう。

夢の一発ロマン砲を狙いたい方は**武士沢、田辺騎手**がオススメ。彼らは複

勝回収率の数字を見ると買えないが、単勝回収率の高さはピカイチ。まさに単勝勝負に打ってつけといえるだろう。

軸で信頼度が高いのは、**戸崎騎手**だ。関東のトップジョッキーの中では最も高い複勝率を記録しており、それでいて複勝回収率も100%近い。人気でも乗っかるのが吉だ。

逆に注意したいのは柴田善騎手。勝率、単複回収率などは普段と比べて成績が下がっていた。

表30は、関西の最終Rについてまとめたものである。

最も注目したいのが、**小牧太騎手**だ。複勝回収率は平均レベルだが、単勝回収率は先述の吉田豊騎手と並ぶ高い数字を記録している。勝率に至っては、小牧騎手のほうが高い。中でも前走で2、3着の馬に乗っていた場合の成績がよく、複勝率は52%、単勝回収率は153%、複勝では106%にも上る。

単勝回収率で優れた成績を残している騎手は、ルメール騎手と太宰騎手だった。本命党の人は黙ってルメール騎手を、穴党の人は黙って太宰騎手をマークして、あとは寝て待つだけ。

一方、軸として信頼できるのは、ルメール騎手と福永騎手。3連系の馬券の軸としては、

表31●騎手別 ローカル最終レース成績

騎手	勝率	連対率	複勝率	単回率	複回率
松田大作	8.5%	14.2%	23.2%	110%	107%
鮫島良太	8.2%	12.2%	14.3%	233%	105%
黛弘人	4.8%	10.7%	16.1%	187%	107%
岩田康誠	16.9%	30.1%	44.6%	122%	98%
古川吉洋	8.4%	17.8%	23.6%	102%	82%
藤岡康太	11.0%	20.8%	26.6%	103%	76%

複勝率や複勝回収率で勝る福永騎手が一番の存在であるといえるだろう。

最後は、ローカルの最終レースについて（表31）。最も騎手買いが効くのはこの条件かもしれない。

大穴をあける騎手のところでも書いたが、ここでも**松田騎手**の成績が素晴らしい。

回収率が単複ともに100%を超えているのはもちろんのこと、着別度数では全騎手の中で3位に入っており、馬券に絡む回数が非常に多いことがわかる。特に中京や新潟での活躍が目覚ましく、中京では複勝率31%、複勝回収率163%を誇っている。

ローカル最終のホームランバッターは、関西では鮫島良騎手、関東では黛騎手だった。2人とも最終レースの成績が普段よりもハネ上がっている。

驚異的な安定感を誇るのは岩田騎手だ。複勝率45%、回収率

98％という値は、人気になっていても買わざるを得ないほどのものである。
これより、新格言として「最終の吉田豊」「最終の小牧太」「最終の松田大作」を掲げたい。このあたりの騎手は安すぎず、来る頻度も少なすぎず、ちょうど狙いやすい騎手である。もう一度復唱しよう。

「最終の吉田豊」「最終の小牧太」「最終の松田大作」

騎手買いだろうがなんだろうが、終わりよければ、すべてよしだ。

ヨーイドン、ジワジワ、コトコト

展開予想の必修課程——
西川式
ラップ理論

西川遼祐

法学部第2類3年。兵庫県出身。同年代の少年たちは近くの甲子園球場に足を運ぶ中、父と2人でよく阪神競馬場に向かっていた。好きな本馬場入場曲は「ザ・チャンピオン」と朝一に聞く「炎のウイナー」。初めて英単語を覚えたのは1997年の年末で、「ジャスティス」。ダート2000m以上のレースが好みで、該当するレースは必ず買う。軸馬が3着になることが多いので、もっぱら3連複を購入する。

結局、ゲートが開いてみないと…？

この章ではラップについて論じることにしよう。今回はかなり基本的なところに立ち返り、ラップ分析の方法についての話が中心となる。

最初にひと言主張させてもらえば、ラップ分析をいくら必死こいてやったところで、結局馬券を買うレースの展開予想を当てなければ馬券は当たらない。

ラップ予想というと、数字を多く用いるので、一見客観的な指標を元にした一面的で理路整然としたものをイメージしがちだが、まったく違うことを理解している人はどれだけいるだろうか。

むしろ予想のファクターの中では、最も**主観的判断**が求められるものであるということを理解してもらいたい。これが血統や騎手、コースデータとは異なり、つらいところでもある。

「私が法学部だから数字に弱いだけじゃないのか」と思った方、確かに一理あるかもしれない。しかし、15年の桜花賞やヴィクトリアMなど、展開がレースのキモとなったものも多いのもまた事実である。とはいえ展開予想は抽象性が低く、本書の中でどうこういったところで、実際のところ、ゲートが開いてみなければわからない。

というわけで今回は、具体例をパターンに分けて紹介することと、ラップ構成が大体決まっているコースをいくつか章の最後に付記することでご容赦願いたい。

まず、ラップの見方について説明することにしよう。ひと口にラップ分析といっても、ラップのどの部分を、どのように見ていいのかわからない方が多いのではないだろうか。そこで、ラップを細かく見ていく前に、まず大雑把な分類から始めてみたい。

これが西川式ラップの読み方

●ラップの分類

私の考えでは、ラップの中で緩みがあるかどうかを最初に判断する。緩みとはつまり、ペースの落ち着く箇所である。顕著な例が２０１６年中山金杯で、逆に緩みがないのが15年皐月賞（ともに中山芝２０００ｍ）。

どのようなレースであっても、スタートダッシュは肝要なため、スタートから２Ｆ（Ｆ＝ハロン。１Ｆは約２００ｍ）目が速くなるのは当然。中山は1コーナーから上り坂なので、1コーナーに差しかかる部分である２Ｆ目から３Ｆ目にかけて多少減速するのは当たり前。

図1●15年皐月賞、16年中山金杯（中山芝2000m）のラップの推移

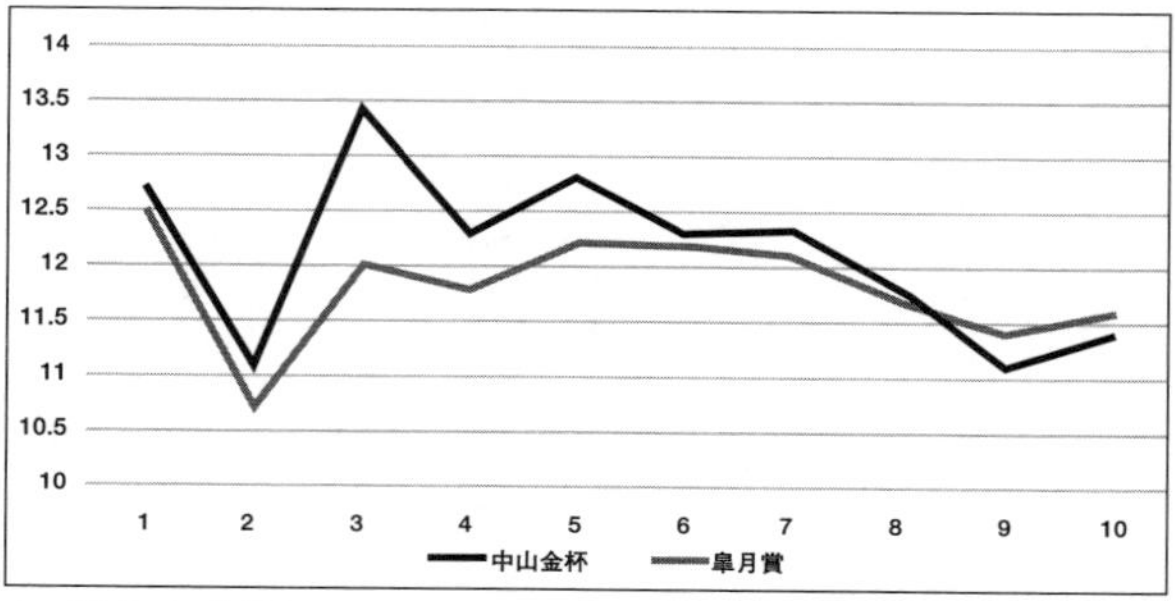

16年中山金杯：12.7—11.1—13.4—12.3—12.8—12.3—12.3—11.8—11.1—11.4
15年皐月賞　：12.5—10.7—12.0—11.8—12.2—12.2—12.1—11.7—11.4—11.6

中山金杯では3F目で、2F目と比べ2秒以上ペースを落とし、その後も12秒台の続くゆったりしたラップなのに対し、皐月賞は終始12秒前後を刻んでいる。この皐月賞のようなラップ構成を、私は勝手に**コトコト戦**と読んでいる。じっくりコトコトのコトコトである。

どの程度までの減速ラップを緩みと呼ぶかについては判断の難しいところだが、**重賞クラスなら、中距離戦だと12・5秒くらい、短距離戦なら11・8秒**くらいのラップがあるかどうかで判断することにしている。

当然クラスが変わると、それに応じて境界線のラップタイムも変わる。未勝利戦芝2000mなどでは、13秒台のないレースであれば緩みのないレースと判断してもいいだろう。

図２●14年有馬記念、15年日経賞、有馬記念（中山芝2500ｍ）のラップの推移

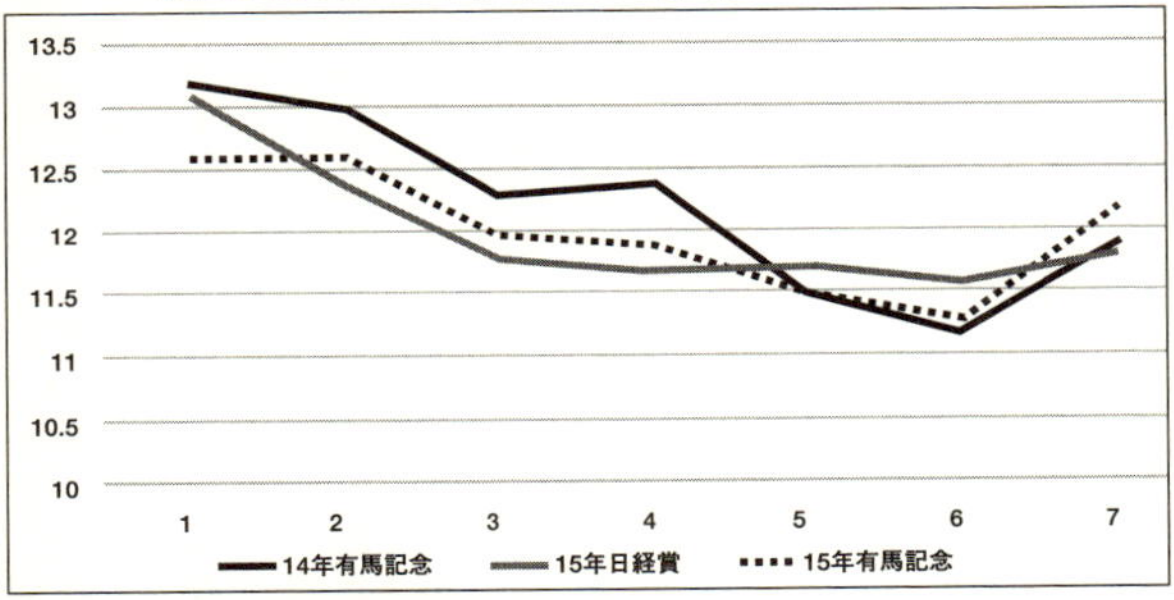

▼Ⅰ：14年有馬記念のラスト７Ｆ
13.2―13.0―12.3―12.4―11.5―11.2―11.9
▼Ⅱ：15年日経賞のラスト７Ｆ
13.1―12.4―11.8―11.7―11.7―11.6―11.8
▼15年有馬記念のラスト７Ｆ
12.6―12.6―12.0―11.9―11.5―11.3―12.2

ここでは馬場差も含めた総合的な判断が必要なので一概にはいえないものの、前述したタイムを基準とすれば問題はない。この緩みの有無によって問われる能力が大きく変わってくる。

●緩みのある場合

緩みのある場合、当然どこかでペースの再加速がある。仕掛けどころによって、さらに２つに分かれる。スローでさらに仕掛けの遅いⅠ：ヨーイドン戦と、残り４～５Ｆからペースの上がるⅡ：ジワジワ戦である。

ⅠとⅡの違いがよくわかるレースを２戦紹介する。

Ⅰ：ヨーイドン戦である14年有馬記念では、

11秒台をマークしたのがラスト3Fだけなのに対し、Ⅱ：ジワジワ戦の15年日経賞は残り1000m地点から11・7前後を刻み続けている。

　また、有馬記念では最速11・2という高いトップスピードや、1秒近い急激な加速力が要求されているのに対し、日経賞では最速11・6と、そこまでの加速やトップスピードは要求されておらず、かわりに1000m（5F）間11秒台をキープするスピードの持続力が求められている。それぞれ要求される能力は、Ⅰの場合加速力とトップスピード、Ⅱでは持続力ということだ。

　もちろん、両者の能力をまとめて問われるレースも存在する。15年有馬記念の場合は、15年日経賞と同様に、1000m地点から加速を始めており、ラストは12・2と落としているように持続力が求められているが、同時に最速で11・3とトップスピードも要求されている。

　このレースでは、トップスピードと持続力がともに要求されているが、急激な加速ラップはなく、加速力は求められていない。サウンズオブアースが日経賞で差し遅れたのに有馬記念で2着に好走できたのは、もちろん位置取りも大きかっただろうが、両レースで問われた能力の違いも関係しているだろう。

加速力に乏しいが、トップスピードと持続力に長ける同馬は、14年菊花賞や15年有馬記念のようなレース向き。極端なヨーイドンで加速力を問われるレースにならない限りは、確実に脚を使うタイプだ。

少し脇道に逸れるが、加速力、トップスピード、持続力がすべて求められるレースというものは、理論上存在するか考えてみたい。例えば、ラスト5Fが

13・0—11・5—11・5—11・5—12・5

となるようなレースである。このような場合、ラップからは3要素がいずれも要求されているようにも見えるが、実際のところは違う。というのも、13・0—11・5と加速するところでついていけなくても、ゆっくりと加速すればゴール前では追いつくことができるからだ。

また反対に、加速力があるが持続力のない馬の場合、多少ゴール前で甘くなっても序盤で得たセーフティリードで凌ぎ切れるといえるだろう。以上のことから考えて、数字上はそういったレースが存在したとしても、実際にはその3要素のうちいずれかが欠けていた場合でも好走は可能なはずだ。

●緩みのない場合

先ほど述べた15年皐月賞のようなペース、コトコト戦では緩みが少なく、従って先ほどのヨーイドン戦、ジワジワ戦とは異なる能力が要求される。

緩みのある場合、息が入るので各馬が脚をためることができるが、緩みのない場合は前半で息が入らない。こうなるとオーバーペースになってしまい、後半に脚をためられない馬が出てくる。つまり前半の追走力が必要なのだ。

当然、追走力は先行馬のほうが高く、追い込み馬ほど低い。また、最後には加速するので、加速力と持続力は一定レベルの力を求められることが多い（中山ダート1200mなど、一部の短距離戦を除く。後述）。

ただし、逆に前半が速くなるので、後半の高いトップスピード能力は求められない。まとめると、緩みのないレースの場合、必要な能力は**前半の追走力と一定レベルの加速力と持続力**だ。不必要な能力としては高いトップスピードとなる。

緩みがあると各馬それぞれ息が入りやすくなるので、レースのラストで全能力を発揮しやすい（ゴール前がトップスピードになる）。しかし、緩みのないレースでは前述したように、オーバーペースとなってしまい、脚をためられない馬が出てくる。

例えば12～14年のジャパンCにおけるジェンティルドンナの走りを見てみよう。

12年は逃げたビートブラックが3角以降から離して逃げていたので、ジェンティルドンナ自身は残り1200～1000m（6～5F）地点で13秒近いラップを計時し、一度息を入れられている。

13年は道中ずっとペースが緩み、楽な展開だった。それに対し14年は雨残りの馬場も加味して考えるとかなり速いペースで、息の入らない展開となった。ジェンティルドンナが3連覇のかかった同レースで4着に敗れたのはご存知の通り。

「例年、瞬発力勝負のレースだが、今年はスタミナ勝負になった」とレース後にR・ムーア騎手が述べたことが、すべてを物語っている。

▼ジェンティルドンナが出走したジャパンC（東京芝2400m＝12Ｆ）

12年1着	12.8—11.0—12.0—12.3—12.1—12.1—12.2—12.0—11.9—11.7—11.5—11.5
13年1着	12.8—11.4—12.8—12.8—12.6—12.8—12.8—12.4—11.6—11.1—11.1—11.9
14年4着	12.8—11.2—12.0—11.9—11.7—12.2—11.9—11.8—12.4—11.9—11.5—11.8

逆に前半の追走力に長けた馬としては、先団につけペースを引き上げることで、後続の脚を鈍らせることができる。14年の勝ち馬エピファネイアは、まさに適した追走力・持続

力を持ち合わせた馬であった。

●短距離の場合

ここまで述べてきたのは、具体例も含めてすべて中長距離戦についての話。このような分類が全距離いずれでも通用するかというとそうではなく、マイル戦以上の距離に限られるだろう。

短距離戦ではこのような複雑な分岐はなく、個人的には道中緩むか否かだけで分類できると考えている。緩みのある場合は加速力、ない場合は追走力と持続力が問われると見てよい。もちろん短距離なので、トップスピードは常に要求される。

以上のことをまとめると、次の通り。

★ラップ分析に重要な要素

・前半の追走力

・加速力

・トップスピード

・持続力

★レース別タイプで必要とされる要素

・ヨーイドン戦…トップスピード、加速力

・ジワジワ戦……持続力、（加速力）

・コトコト戦……追走力、持続力、（加速力）

・短距離で緩みのあるレース…トップスピード、加速力

・短距離で緩みのないレース…トップスピード、追走力、持続力

では次に、各要素や、その他ラップ分析で留意することについて検討を重ねたい。

ラップ分析で重視すべきアラカルト

●追い出しを待たされるリスクとは⁉

実際のレースでは勝負どころで内々で前が開かず、直線に入り前が開くが、突き抜けてこられずにそのまま後方へ沈むケースがある。主に加速力に乏しい馬において起こりがちな負け方だ。

加速力がなく勝負どころで置かれがちな馬は、外を回すリスクを背負ってでも、加速するスペースをつくっていかないと伸び切れないことが多い。

逆に加速力に優れていると、前が開くとスパッと切れるので、内々をロスなく回ってくることが可能になる。

●コーナー最速ラップのリスク

レースラップにおいて、3、4コーナーが最速になることが見られるが、この場合、コーナーで外を回すのは大きな不利となる。外を回しながら1F12秒で走るのと11秒で走るのでは、当然後者のほうがエネルギーを使うためだ。

●スローペース＝前残り？の誤解

よく「スローペースだから前が残る」や「ハイペースだから差しが決まる」という展開予想があるが、必ずしも当てはまらないことが少なくない。これは、ここまでの各要素を見てもらえれば、なんとなく理解してもらえると思う。

ハイペースで前に位置していた馬が崩れるのは、先行勢が自身の追走力の許容量を超えたオーバーペースで走っているから。つまり、自らはオーバーペースにならず、後方勢には追走が苦しくなるギリギリのラインで走れれば、むしろ先行勢に有利な状況がつくり出せることだろう。

逆にスローペースだから前が残るというのも、結局ヨーイドンになった場合には先行馬に加速力がないと、差し馬に一気にかわされ、追って案外となる場合もあるからだ。

個人的には、スローで楽逃げしているが加速力に欠ける馬に騎乗している騎手には、「もっとコーナーで引き離してセーフティリードをつくってくれ」と願うのだが、なかなか騎手心理としてはそうもいかないようだ。

●レースラップに貴賤はあるのか

これもまた予想で見られる表現として「前走は道中息の入らない展開で完勝。強い内容」などと評価したり、「前走はドスローの上がりだけのレースだったので参考外」といってスローペースだったレースを低く評価する向きがある。

それはまるでハイペースのレースがスローペースより価値の高いものとしているかのようだ。しかし、前走ハイペースを完勝したことは、その馬が追走力に優れていることを示すものでしかない。必ずしも強いということの十分な証明になっていないのだ。

例えば、当該レースがドスローの上がり勝負になることも十分考えられるだろう。今回のレースがどのようなペースになるかを予想することなく、その馬を不当に評価するのでは、意味のない分析だ。

確かにドスローの新馬戦を勝ち上がった馬が、クラスが上がってペースも上がり、苦戦することはよくある。だからといって、ハイペースだったレースをスローペースのレースより高く評価することが正しいことにはならない。

これは、格の問題ではなく、適性の問題が絡んでくるからだ。ラップ分析を行なう際には、分類の異なるレースによって優劣をつけることは避けたい。

●コーナー半径とラップの重要な関係性について

各競馬場のコーナーはそれぞれ半径や大きさが異なっており、当然、レース結果を大きく左右する。

例えばコーナーのキツイ中京や新潟内回り、函館の芝戦では、コーナーで減速して直線でもう一度加速する流れになりやすく、従って加速力が重要になる。

これに対し、コーナー半径の大きな阪神外回りや京都外回りだと、4角手前に下り坂があることもあって、加速力はあまり求められない。

――以上のようなポイントを念頭に置いてラップ分析を行なうと、さらに中身の濃い検討ができるのではないだろうか。

ラップ分析の具体例～15年牝馬三冠戦

さて、ある程度ラップ分析の基本的な解説を終えたところで、具体的なラップ分析をいくつか紹介することで、実践段階に入る。

今回は、2015年の牝馬クラシック三冠（秋華賞含む）を振り返りたい。というのも、この3戦が私の理論で大きく分類されるヨーイドン戦、ジワジワ戦、コトコト戦にそれぞれ対応していて、ラップで馬券を買おうと考えている人にとって一番わかりやすいからだ。

●ファイル1…15年桜花賞（馬柱、ラップはP88～89）

結論からいうと、予想も馬券もまったく当たっていない、カスリもしていないレースで

1600ｍ良）

阪神 11R（メインレース） 発馬3.40 第75回 桜花賞（GⅠ） ㊢国際 牝 サラ三才 オープン・55キロ	1	2	3	4	5	6	7	8
枠	白1	白1	黒2	黒2	赤3	赤3	青4	青4
父	ディープインパクト	アドマイヤムーン	ヴァーミリアン	アルデバランⅡ	ゼンノロブロイ	キングカメハメハ	ディープインパクト	マンハッタンカフェ
馬名	コンテッサトゥーレ	ムーンエクスプレス	ノットフォーマル	トーセンラーク	ペルフィカ	レッツゴードンキ	クルミナル	ルージュバック
母	エアトゥーレ	アモーレペガサス	リミッターブレイク	タケイチゼット	スティーリンキッシーズ	マルトク	クルソラ	ジンジャーパンチ
毛色	鹿毛	鹿毛	黒鹿	栗毛	黒鹿	栗毛	鹿毛	鹿毛
斤量	55 牝3	55 牝3	55 牝3	55 牝3	55 牝3	55 牝3	55 牝3	55 牝3
騎手	ルメール	松山	黛	吉田隼	菱田	岩田康	池添	戸崎圭
厩舎	安田隆	鈴木孝	中野栄	菅原	岡田	梅田智	須貝尚	大竹
賞金	○ 1400	○ 900	○ 2100	○ 1200	○ 1900	○ 2250	△ 1400	○ 2750
総賞金	2600	4450	4900	3484	4090	6000	2500	5380
馬主名	社台ＲＨ	ローレルＲ	芳賀克也	島川隆哉	前田幸治	廣崎利洋	キャロットＦ	キャロットＦ
牧場名	社台Ｆ	坂牧場	千代田牧場	中神牧場	ノースヒルズ	清水牧場	ノーザンＦ	ノーザンＦ
持木					△	注	△	○
那谷						△	△	○
加茂	△				△	◎	▲	○
須藤	△					▲	注	○
中邑		△			△	△	◎	○
本紙田崎	△		東	東	△	△	○	◎東
芝1200・1400・1600・1800	京1219① 阪1386❻	小1088③ 京1205① 阪1347④	札1097[1] 芸1296② 中1352① 中1506[12]	函1105④ 東1290[5] 東1346[3] 芸1295①	京1212① 京1356②	東1344[2] 札1502③	京1353① 京1545①	芸2008① 京1486①
芝上り	① 3	芸34.1⑤	天33.6⑧	天34.3①	芸33.2⑧	天3 6[2] 1	① 2	大32.8①
ダート上り			芸ダ39.2[12]	芸ダ37.2❸				
ダ1200・ダ1600			門ダ1148[12]	芸ダ1268❸				
芝コース・重の実績	0 0 0 1	0 0 0 0	0 0 0 0	0 0 0 1	0 0 0 0	0 0 1 0	0 0 0 1	0 0 0 0
母の父	トニービン	メジロライアン	マンハッタンカフェ	タバスコキャット	スカイメサ	マーベラスサンデー	キャンディストライ	オーサムアゲイン
兄弟馬	キャプテントゥーレ	グローリーソング	ステラトーキョウ	ペイシャンスゼータ	ジュエルボックス	マルトクスパート	クローチェ	マミーテイラー
距離別勝利度数（千二含む・千四のみ・千六のみ・千七含む）	0 0 2 0 0 0 0 0 0 0 0 0 0 1 0 0	0 0 1 1 0 0 0 1 0 0 1 1 0 1 1 0	0 1 0 1 0 0 0 0 1 0 0 0 2 2 0 1	0 1 0 0 0 0 0 0 0 1 1 0 0 2 1 1	0 1 1 0 0 1 1 0 0 0 0 0 0 0 1 0	1 0 0 0 0 2 0 0 1 1 0 0 0 0 0 0	1 1 0 0 0 0 0 0 0 0 0 0 0 1 0 0	2 0 0 0 0 0 0 0 0 0 0 0 0 0 0 0
開催場所・月日 開催日・着順 条件・枠・頭数 距離・タイム 斤量・騎手名 ペース・通過順 馬体重・人気 戦評・馬身差 前半600・上り600に ①②着時計 秒差	1京 1月18日 ⑦ 紅梅S 1 牝馬オープン 6ゲ 14頭 芸外 1219 54 C.デムーロ S [9]⑧⑦ 448 人気2 中位一気 クビ 367 中 337 ラッフォルツァ 1219 0.0	5阪 12月14日 ④ 阪神JF 4 牝馬GⅠ 18ゲ 18頭 天外 1347 54 松山 S ②③④ 414 人気12 好位一息 1 3/4 355 中 350 ショウナンアデ 1344 0.3	1中 1月12日 ⑤ フェアリ 1 牝馬GⅢ 4ゲ 16頭 天外 1352 54 黛 S ②①① 458 人気11 逃切る 3/4 身 357 内 352 ローデッド 1353 0.1	1中 1月12日 ⑤ フェアリ 7 牝馬GⅢ 16ゲ 16頭 天外 1356 54 吉田隼 S [4]②④ 484 人気6 G前伸欠 2 3/4 360 中 355 ノットフォーマ 1352 0.4	2京 2月14日 ⑤ こぶし賞 1 500万 6ゲ 7頭 天内 1356 54 菱田 S ⑦⑦⑥ 430 人気2 直線一気 3/4 身 367 外 345 テイエムダンシ 1357 0.1	5阪 12月14日 ④ 阪神JF 2 牝馬GⅠ 11ゲ 18頭 天外 1345 54 浜中 S ⑧⑨⑩ 466 人気2 一旦先頭 1/2 身 362 中 343 ショウナンアデ 1344 0.1	2京 2月7日 ③ エルフィ 1 牝馬オープン 2ゲ 13頭 天外 1353 54 池添 S [7]⑥⑤ 494 人気1 楽抜出 2 身 370 中 335 ナガラフラワー 1356 0.3	5東 11月9日 ② 百日 1 500万 6ゲ 10頭 芸 2008 54 戸崎圭 M⑨⑨⑨ 450 人気2 後方一気 2 1/2 379 外 333 ベルーフ 2012 0.4
開催場所・月日 開催日・着順 条件・枠・頭数 距離・タイム 斤量・騎手名 ペース・通過順 馬体重・人気 戦評・馬身差 前半600・上り600に ①②着時計 秒差	1阪 3月7日 ❸ チューリ 6 牝馬GⅢ 7ゲ 17頭 天外 1386 54 北村友 M[7]⑧⑥ 446 人気4 中位詰め 5 1/2 366 中 368 ココロノアイ 1377 0.9	1阪 3月15日 ⑥ フィリー 3 牝馬GⅡ 10ゲ 18頭 芸内 1227 54 松山 M②②② 418 人気2 一旦先頭 1 1/4 348 中 358 クイーンズリン 1225 0.2	2中 3月21日 ⑦ フラワー 12 牝馬GⅢ 3ゲ 16頭 天内 1506 55 黛 S ⑤⑤⑤ 460 人気5 好位一杯 7 1/2 370 中 362 アルビアーノ 1494 1.2	3ヵ月休 放牧 乗込み3週間 仕上り○ 連対体重 468～474 3ヵ月以上休 ①②③外 0 0 0 1	1阪 3月15日 ⑥ フィリー 2 牝馬GⅡ 13ゲ 18頭 芸内 1226 54 菱田 M⑬⑫⑬ 424 人気7 内つき伸 3/4 身 357 内 350 クイーンズリン 1225 0.1	1阪 3月7日 ❸ チューリ 3 牝馬GⅢ 15ゲ 17頭 天外 1380 54 岩田康 M①①① 468 人気2 逃粘る 2 身 359 内 366 ココロノアイ 1377 0.3	1阪 3月7日 ❸ チューリ 11 牝馬GⅢ 3ゲ 17頭 天外 1390 54 池添 M⑬⑬⑩ 486 人気1 重不利 8 身 369 中 370 ココロノアイ 1377 1.3	2京 2月8日 ④ きさらぎ 1 GⅢ 3ゲ 8頭 天外 1486 54 戸崎圭 S ③③③ 450 人気1 好位抜出 2 身 367 中 344 ポルトドートウ 1489 0.3

▼15年桜花賞レースラップ

12.7—11.7—12.7—12.9

—<u>12.5—11.3</u>—10.7—11.5

●2015年４月12日阪神11Ｒ桜花賞（ＧⅠ、芝

18 桃8	17 桃8	16	15 橙7	14 橙7	13	12 緑6	11	10 黄5	9
マツリダゴッホ クールホタルビ プラセール㊥ 栗毛	スニッツェル レオパルディナ ビオンドパンテーラ㋮ 鹿毛	ディープインパクト メイショウメイゲツ スクービドゥー㋮ 鹿毛	ステイゴールド ココロノアイ ビューティソング㊥ 鹿毛	ディープインパクト テンダリーヴォイス ミスアンコール㋮ 鹿毛	マンハッタンカフェ クイーンズリング アクアリング 黒鹿	ディープインパクト ローデッド ホッコーオウカ㋮ 鹿毛	ステイゴールド キャットコイン ストレイキャット㊥ 栗毛	マンハッタンカフェ アースライズ ライジングクロス 青鹿	ディープインパクト アンドリエッテ アナバシュドチャーム㊥ 鹿毛
55 牝3	55 牝3	55 牝3	55 牝3	55 牝3	55 牝3	55 牝3	55 牝3	55 牝3	55 牝3
小牧	武豊	吉田豊	横山典	福永	M.デムーロ	川島	柴田善	幸	川田
清水久	高橋康	小島太	尾関	荻原	吉村	荒川	二ノ宮	矢作	牧田
○ 1800	○ 1800	○ 400	◎ 3500	○ 1400	○ 3400	○ 1100	○ 2600	○ 1100	◎ 1100
4100	3400	2290	8580	4230	6700	2240	5080	2010	2590
川上哲司	キャロットF	松本好雄	酒井牧場	金子真人HD	吉田哲哉	Him Rock R	サンデーR	吉田勝己	永田和彦
畠山牧場	坂東牧場	三嶋牧場	酒井牧場	ノーザンF	社台F	鮫川啓一	白老F	ノーザンF	森永牧場
… … … … … …	… … … … … …	… △ … … … 東	▲ 注 注 ◎ 注 注 東	… … … △ … 東	△ ◎ … △ … ▲	… … … … ▲ …	△ △ △ … △ △ 東	… … … … … …	◎ ▲ △ △ … △
小 1091 2 京 1217 ① 阪 1363 ⑭	小 1084 ② 京 1219 ⑥ 阪 1353 ⑦	新 1228 ① 東 1342 ⑤	東 1344 1 福 1519 2	東 1354 ②	阪 1225 ① 中 1349 ① 中 1535 1	2022 ① 中 1353 ② 中 1498 ⑤	東 1340 ①	1237 ④ 京 1364 ⑭ 中 1496 ②	阪 1234 ③ 東 1341 ④
33.9 ①	33.3 ⑥	33.6 ④	33.3 ①	33.8 ②	34.6 ①	34.7 ⑤	33.6 ①	34.4 ①	34.2 ①
0 0 0 0	0 0 0 0	0 0 0 0	1 0 0 0	0 0 0 0	0 0 0 0	0 0 0 0	0 0 0 0	0 0 0 0	0 1 0 0
ヘクタープロテクタ	シーキングザゴールド	ヨハンクライフ	デインヒル	キングカメハメハ	アナバー	リンドシェーバー	ストームキャット	ケープクロス	シルヴァーデピュティ
メロディメーカー	アイムユアドリーム	タイキプレミアム	ストラディヴァリオ	初仔	初仔	オースミグラスワン	タガノエリザベート	ライザン	アールシネマスタア
0 0 1 1 0 0 0 1 0 0 0 0 0 1 1 2	0 0 0 2 0 0 0 1 0 0 0 0 0 1 2 0	0 0 1 0 0 1 0 0 0 0 0 0 0 4 0 0	0 3 0 0 1 0 0 0 0 1 0 0 0 0 0 0	0 2 0 0 0 2 0 0 0 1 0 0 0 1 0 0	1 1 1 0 0 0 0 0 0 0 0 0 0 0 0 0	0 0 0 0 0 1 0 0 0 0 0 0 2 1 0 0	0 3 0 0 0 0 0 0 0 0 0 0 0 0 0 0	1 0 0 0 1 0 0 0 0 0 0 0 0 1 1 0	0 1 0 0 0 1 0 0 0 0 1 0 0 1 0 0
5阪 12月14日 ④阪神JF 14 牝GI 10ト18頭 外 1363 54 小牧 S ⑥⑦⑮ 438 人気9 中位一杯 11身 360 内 358 ショウナンアデ 1344 1.9	5阪 12月14日 ④阪神JF 7 牝GI 15ト18頭 外 1353 54 武豊 S ⑩⑨⑧ 422 人気7 中位まま 5 1/2 362 外 352 ショウナンアデ 1344 0.9	1東 2月14日 ⑤クイーンC 5 牝GIII 5ト16頭 1342 54 吉田豊 S ⑦⑥⑦ 428 人気11 G前伸欠 1 1/4 357 中 348 キャットコイン 1340 0.2	5阪 12月14日 ④阪神JF 3 牝GI 4ト18頭 外 1346 54 横山典 S ⑩⑨⑧ 450 人気4 中位伸 1身 362 内 345 ショウナンアデ 1344 0.2	1中 1月12日 ⑤フェアリ 3 牝GIII 1ト16頭 外 1354 54 北村宏 S ⑥⑪⑧ 414 人気3 中位伸 1 1/2 363 内 348 ノットフォーマ 1352 0.2	1中 1月17日 ⑥菜の花賞 1 牝500万 15ト15頭 外 1349 54 ブノワ S ⑧⑤⑤ 464 人気2 楽抜出 2身 361 外 346 マキシマムドパ 1352 0.3	1中 1月12日 ⑤フェアリ 2 牝GIII 15ト16頭 外 1353 54 戸崎圭 S ⑭②④ 456 人気8 漸進伸 3/4身 365 外 352 ノットフォーマ 1352 0.1	4中 12月21日 ⑥ひいらぎ 1 500万 14ト14頭 外 1351 54 柴田善 M ⑬⑫⑩ 436 人気8 後方追込 1 1/4 363 外 352 アドマイヤピン 1353 0.2	5阪 12月6日 ① 1 未勝 5ト13頭 外 1513 54 川須 S ①②② 436 人気6 先行抜出 クビ 373 中 344 ウェスタールン 1513 0.0	1東 2月14日 ⑤クイーンC 4 牝GIII 13ト16頭 1341 54 川田 S ⑫⑩⑩ 426 人気10 中位伸も 3/4身 361 外 344 キャットコイン 1340 0.1
1阪 3月15日 ⑥フィリー 13 牝GII 4ト18頭 内 1237 54 藤田 M ②②② 436 人気11 先行一杯 7 1/2 348 中 368 クイーンズリン 1225 1.2	1阪 3月15日 ⑥フィリー 7 牝GII 1ト18頭 内 1232 54 武豊 M ④④⑤ 422 人気5 前塞る 4身 349 内 361 クイーンズリン 1225 0.7	2中 3月14日 ⑤アネモネ 2 牝オープン 2ト16頭 外 1367 54 吉田豊 S ⑤③⑤ 428 人気2 好位伸 3/4身 365 中 351 テンダリーヴォ 1366 0.1	1阪 3月7日 ❸チューリ 1 牝GIII 14ト17頭 外 1377 54 横山典 M ⑨⑧⑥ 460 人気5 中位差切 1 1/4 366 中 359 アンドリエッテ 1379 0.2	2中 3月14日 ⑤アネモネ 1 牝オープン 14ト16頭 外 1366 54 戸崎圭 S ③⑤③ 416 人気1 好位差切 3/4身 368 中 349 メイショウメイ 1367 0.1	1阪 3月15日 ⑥フィリー 1 牝GII 17ト18頭 内 1225 54 M.デムーロ M ⑬⑭⑬ 444 人気1 後方一気 3/4身 358 外 349 ベルフィカ 1226 0.1	2中 3月21日 ⑦フラワー 5 牝GIII 2ト16頭 内 1498 54 戸崎圭 S ⑯⑮⑧ 452 人気3 出遅る 2 3/4 385 外 347 アルビアーノ 1494 0.4	1東 2月14日 ⑤クイーンC 1 牝GIII 6ト16頭 1340 54 柴田善 S ⑨⑧⑦ 440 人気2 中位一気 クビ 359 中 346 ミッキークイー 1340 0.0	2中 3月21日 ⑦フラワー 2 牝GIII 5ト16頭 内 1496 54 三浦 S ⑦⑧⑧ 438 人気12 G前競い 1 1/2 375 中 349 アルビアーノ 1494 0.2	1阪 3月7日 ❸チューリ 2 牝GIII 1ト17頭 外 1379 54 川田 M ⑬⑭⑮ 436 人気7 後方伸 1 1/4 370 外 357 ココロノアイ 1377 0.2

1着⑥レッツゴードンキ　（5番人気）

2着⑦クルミナル　（7番人気）

3着①コンテッサトゥーレ（8番人気）

単⑥1020円　複⑥260円　⑦610円　①750円

馬連⑥―⑦7860円　馬単⑥→⑦17370円

3連複①⑥⑦34480円

3連単⑥→⑦→①233390円

ある。それでもこのレースを取り上げたのには意味があり、これこそ「展開予想さえ当たれば獲れる」レースだったと考えているからだ。

レース前の予想では、ノットフォーマルが逃げてレッツゴードンキが2番手、ペースは平均からややスローという展開が大勢を占めていた。

私の場合は、ルージュバックやココロノアイ、アンドリエッテといった、きさらぎ賞やチューリップ賞でトップスピードと持続力を披露した2頭が残り4Fから仕掛け、ジワジワ戦になると予想。良馬場だとココロノアイのパフォーマンスは落ちると考え、従ってルージュバックとアンドリエッテのワイド1点で勝負した。

しかし実際のレースでは、ドスローからの4Fから一気に仕掛けられての実質3F勝負。後方の各馬はその持ち味を発揮するような仕掛けをすることなく、持続力もまったく要求されない展開に。

むしろトップスピードと加速力がフルに要求される、極端なヨーイドン戦になり、前哨戦とはまったく異なる能力が問われる結果になってしまった。

2着クルミナルと3着コンテッサトゥーレはそれぞれ2走前のエルフィンS、紅梅Sで高いトップスピード能力と加速力を見せていたし、1着レッツゴードンキは札幌2歳Sのような一貫ペースや、アルテミスSのヨーイドン戦のどちらでも能力を発揮していた。馬券圏内の3頭はこのような展開で好走する背景を、いずれも持ち合わせていたといえる。

つまり、仮にペースさえ読めていれば（クラシックでここまでのスローペースになるとは考えづらいが）、この3頭は「買い」だったわけである。

ここでいいたいのは、「じゃあ、どうやったらこの3頭の馬券を買えるのか」という証明ではなく、「展開がレース予想の大部分を占めることがある」という例示である。

私は今でも、もしあのレースで3角からペースが引き上げられていれば、私のワイドは当たっただろうと信じているし、レース直後には「こんなもん買えるか」と思ったのも事実だ。

だが冷静になってみると、もし展開が読めていれば……と悔しくなる一戦であることもまた事実である。タラレバを多くいいたくなる、そんな敗戦だった。

次に取り上げたいのが、ジワジワ戦の典型ともいえる、15年オークスだ。

●ファイル2…15年オークス（馬柱、ラップはP92～93）

このレースも当たっていない。理由はまたしてもアンドリエッテを軸にしてしまったか

2400ｍ良）

	①1	②1	③2	④2	⑤3	⑥3	⑦4	⑧4
父	キングカメハメハ㊐	キングカメハメハ㊐	メイショウサムソン㊐	ステイゴールド㊐	マンハッタンカフェ㊐	マンハッタンカフェ㊐	ステイゴールド㊐	ディープインパクト㊐
馬名	レッツゴードンキ	マキシマムドパリ	トーセンナチュラル	ココロノアイ	シングウィズジョイ	クイーンズリング	キャットコイン	ローデッド
母	マルトク㊐	マドモアゼルドパリ㊥	ガールズトーク㊥	ビューティソング㊥	シングライクバード㊐	アクアリング㊐	ストレイキャット㊥	ホッコーオウカ㋮
毛色	栗毛	芦毛	黒鹿	鹿毛	青鹿	黒鹿	栗毛	鹿毛
斤量	55 牝3	55 牝3	55 牝3	55 牝3	55 牝3	55 牝3	55 牝3	55 牝3
騎手	岩田康	武豊	㊕吉田豊	横山典	内田博	M.デムーロ	柴田善	㊕柴山雄
厩舎	梅田智	松元茂	㊉古賀史	㊉尾関	友道	吉村	㊉二ノ宮	荒川
賞金	○ 6700	○ 400	○ 400	◎ 3500	○ 3400	○ 3400	○ 2600	○ 1100
総賞金	14,900	3030	1260	8580	7530	8000	5080	2240
馬主名	廣崎利洋	グリーンF	島川隆哉	酒井牧場	社台RH	吉田哲哉	サンデーR	Bim Rock R
牧場名	清水牧場	社台F	エスティF	酒井牧場	社台F	社台F	白老F	鮫川啓一
佐藤直	△	…	出走取消	△	△	△	○	…
小野智	◎	…		注	…	△	△	…
久光	注	△		…	△	▲	…	…
西田	▲	△		△	…	△	△	…
上田	○	…		△	…	…	…	◎
本紙武井	○ 西	… 西		注	… 西	△ 西	△	… 西
芝1600/1800/2000/2400	東1344② 札1502③	中1352② 京1483③ 東2019③	中1365⑨ 東1474② 三2190① 東2314⑦	東1344① 福1519②	東1343⑥ 阪1485② 東2018①	中1349① 中1535① 芸1225①	東1340①	中1353② 中1498⑤ 栄2022①
芝上り	33.5①	33.9③	33.9⑦	33.3①	33.4②	33.7④	33.4⑦	34.5⑮
ダート上り								
ダ1600/ダ1800								
芝コース重の実績	0010	1000	0000	1000	0000	0000	0000	0000
母の父	マーベラスサンデー	サンデーサイレンス	ステイゴールド	デインヒル	シンボリクリスエス	アナバー	ストームキャット	リンドシェーバー
兄弟馬	マルトクスパート	オーシャンぜりぜ	初仔	ストラディヴァリオ	初仔	初仔	タガノエリザベート	オースミグラスワン
距離別勝利度数	0011 / 0002 / 0011 / 0000	0100 / 0011 / 0120 / 0000	1000 / 0010 / 0000 / 1012	0003 / 0010 / 0001 / 0001	0111 / 0011 / 0000 / 0012	0011 / 0000 / 0000 / 0001	0003 / 0000 / 0000 / 0001	0100 / 0001 / 0000 / 0022
前走1	1阪 3月7日 ③チューリ 3 牝GⅢ 15ゲ17頭 芝外1380 54岩田康 M①①① 468 人気2 逃粘る 2身 359内366 ココロノアイ 1377 0.3	2阪 3月28日 ①孝 2 牝500 1ゲ12頭 芝外1488 54武豊 M⑧⑨⑧ 450 人気1 中位伸 1/2身 366内346 シングウィズジ 1487 0.1	3中 4月12日 ⑥デイジー 8 牝500 4ゲ9頭 芝内1511 54大野 S⑤⑤⑥ 422 人気7 4角不利 3 3/4 389中351 ディープジュエ 1504 0.7	1阪 3月7日 ③チューリ 1 牝GⅢ 14ゲ17頭 芝外1377 54横山典 M⑨⑧⑥ 460 人気5 中位差切 1 1/4 366中359 アンドリエッテ 1379 0.2	2阪 3月28日 ①孝 1 牝500 8ゲ12頭 芝外1487 54内田博 M③③③ 456 人気2 先行抜出 1/2身 362中348 マキシマムドパ 1488 0.1	1阪 3月15日 ⑥フィリー 1 牝GⅡ 17ゲ18頭 芝内1225 54M.デムーロ M⑬⑭⑬ 444 人気1 後方一気 3/4身 358外349 ベルフィカ 1226 0.1	1東 2月14日 ⑤クイC 1 牝GⅢ 6ゲ16頭 芝1340 54柴田善 S⑨⑧⑦ 440 人気2 中位一気 クビ 359中346 ミッキークイー 1340 0.0	2中 3月21日 ⑦フラワー 5 牝GⅢ 2ゲ16頭 芝内1498 54戸崎圭 S⑯⑮⑧ 452 人気3 出遅る 2 3/4 385外347 アルビアーノ 1494 0.4
前走2	2阪 4月12日 ⑥桜花 1 牝GⅠ 6ゲ18頭 芝外1360 55岩田康 S①①① 464 人気5 逃楽勝 4身 371内335 クルミナル 1367 0.7	2東 4月26日 ②フローラ 3 牝GⅡ 1ゲ17頭 芝2019 54武豊 S⑤⑥⑦ 432 人気3 好位伸 1/2身 380内339 シングウィズジ 2018 0.1	2東 5月3日 ④スイートピー 2 牝オープン 7ゲ15頭 芝1474 54井上 S⑤⑤④ 422 人気15 一旦先頭 ハナ 366中343 ディープジュエ 1474 0.0	2阪 4月12日 ⑥桜花 10 牝GⅠ 15ゲ18頭 芝外1370 55横山典 S⑭⑫⑬ 452 人気2 出遅る 5 3/4 382外337 レッツゴードン 1360 1.0	2東 4月26日 ②フローラ 1 牝GⅡ 5ゲ17頭 芝2018 54内田博 S②②② 450 人気2 先行抜出 クビ 376中343 ディアマイダー 2018 0.0	2阪 4月12日 ⑥桜花 4 牝GⅠ 13ゲ18頭 芝外1368 55M.デムーロ S⑬⑫⑨ 442 人気3 後方追上 4 3/4 382中337 レッツゴードン 1360 0.8	2阪 4月12日 ⑥桜花 7 牝GⅠ 11ゲ18頭 芝外1369 55柴田善 S⑯⑯⑮ 428 人気6 後方差詰 5 1/2 384外334 レッツゴードン 1360 0.9	2阪 4月12日 ⑥桜花 15 牝GⅠ 12ゲ18頭 芝外1374 55川島 S⑩⑦⑥ 450 人気13 追上一杯 8 1/2 378中345 レッツゴードン 1360 1.4

東京11R（メインレース） 発馬3.40 第76回 オークス（優駿牝馬）GⅠ ㊐国際牝馬サラ三才オープン・55キロ

▼15年オークス レースラップ

12.5—10.6—12.5—13.0—12.7—12.6

—12.5—11.9—11.9—11.3—11.6—11.9

●2015年５月24日東京11Ｒオークス（ＧⅠ、芝

枠	8	8	8	7	7	7	6	6	5	5
馬番	18	17	16	15	14	13	12	11	10	9
父	ハーツクライ	ディープインパクト	ヴァーミリアン	アルデバランⅡ	マンハッタンカフェ	ディープインパクト	マンハッタンカフェ	ゼンノロブロイ	ディープインパクト	ディープインパクト
馬名	ディアマイダーリン	クルミナル	ノットフォーマル	トーセンラーク	ルージュバック	アンドリエッテ	アースライズ	ペルフィカ	ミッキークイーン	コンテッサトゥーレ
母	オネストリーダーリン	クルソラ	リミッタープレイク	タケイチゼット	ジンジャーパンチ	アナバシュドチャーム	ライジングクロス	スティーリンキッシーズ	ミュージカルウェイ	エアトゥーレ
毛色	鹿毛	鹿毛	黒鹿	栗毛	鹿毛	鹿毛	青鹿	黒鹿	鹿毛	鹿毛
斤量・性齢	55 牝3	55 牝3	55 牝3	55 牝3	55 牝3	55 牝3	55 牝3	55 牝3	55 牝3	55 牝3
騎手	福永	池添	黛	江田照	戸崎圭	川田	三浦	菱田	浜中	ルメール
調教師	菊沢	須貝尚	中野栄	菅原	大竹	牧田	矢作	岡田	池江寿	安田隆
賞金	○ 1900	△ 3200	○ 2100	○ 1200	○ 2750	◎ 1100	○ 1100	○ 1900	○ 2100	○ 1400
総賞金	4460	6100	5790	3484	5380	2590	2010	4090	4080	4800
馬主	窪田康志	キャロットF	芳賀克也	島川隆哉	キャロットF	永田和彦	吉田勝己	前田幸治	野田みづき	社台RH
生産者	追分F	ノーザンF	千代田牧場	中神牧場	ノーザンF	森永牧場	ノーザンF	ノースヒルズ	ノーザンF	社台F
予想	・ △ ・ ・ △ ・	・ ▲ ◎ △ △ ▲ 西	・ ・ ・ ・ ・ ・	・ ・ ・ ・ ・ ・	注 〇 〇 〇 注 ◎	・ ・ △ ◎ △ △ 西	・ ・ ・ ・ △ 西	・ ・ ・ ・ ・ 西	◎ △ △ 注 ▲ △ 西	▲ ・ △ ・ △ △ 西
持ち時計	東 1354 ① 中 1496 ③ 東 2018 ②	京 1353 ① 京 1545 ①	中 1352 ① 中 1506 ⑫ 1097 [1] 1296 ②	東 1346 [3] 1105 ④ 1290 [5] 1295 ①	阪 1370 ⑨ 京 1486 ① 東 2008 ①	東 1341 ④ 1234 ③	京 1364 ⑭ 中 1496 ② 1237 ④	京 1356 ② 1212 ①	東 1340 ② 1233 ② 阪 2035 ①	阪 1368 ③ 1219 ①
上がり	天 33.6 ①	② 3	天 33.6 ⑧ ダ 39.2 ⑫ ダ 1148 ⑫	天 34.3 ① ダ 37.2 ❸ ダ 1268 ❸	① 2	天 33.2 ⑥	天 34.2 ⑧	33.2 ⑧	7 ② 1	天 33.6 ③
成績	0 0 0 0	0 0 0 1	0 0 0 0	0 0 0 1	0 0 0 0	0 1 0 0	0 0 0 0	0 0 0 0	1 0 0 0	0 0 0 1
母父	キングマンボ	キャンディストライ	マンハッタンカフェ	タバスコキャット	オーサムアゲイン	シルヴァーデピュティ	ケープクロス	スカイメサ	ゴールドアウェイ	トニービン
兄弟	サンレガーロ	クローチェ	ステラトーキョウ	ベイシャンスゼータ	マミーテイラー	アールシネマスタア	ライザン	ジュエルボックス	トーセンマタコイヤ	キャプテントゥーレ
距離別成績	0 0 1 1 0 1 0 0 0 0 2 0 0 0 1 0	0 0 1 1 0 0 0 1 0 0 0 0 0 0 0 1	0 0 0 1 0 0 0 0 0 0 1 0 0 0 2 3	0 0 0 1 0 0 0 0 0 0 0 1 0 0 0 3	0 1 2 0 0 0 0 0 0 0 0 0 0 0 0 1	0 0 0 1 0 0 0 1 0 0 0 0 0 0 0 2	0 0 1 0 0 0 1 0 0 0 0 0 0 0 0 2	0 0 0 1 0 0 0 1 0 0 0 0 0 0 0 1	0 1 0 1 0 0 0 1 0 0 0 0 0 0 0 0	0 0 0 0 0 0 0 0 0 0 0 1 0 0 0 1
前々走	2中 3月21日 ⑦フラワー 3 牝GⅢ 12ト16頭 天内 1496 54 M.デムーロ S ⑪⑦⑤ 486 人気2 1 1/2 380 外 350 アルビアーノ 1494 0.2	1阪 3月7日 ③チューリ 11 牝GⅢ 3ト17頭 天外 1390 54 池添 M ⑬⑬⑩ 486 人気1 直不利 8身 369 中 370 ココロノアイ 1377 1.3	2中 3月21日 ⑦フラワー 12 牝GⅢ 3ト16頭 天内 1506 55 黛 S ⑤⑤⑤ 460 人気5 好位一杯 7 1/2 370 中 362 アルビアーノ 1494 1.2	1中 1月12日 ⑤フェアリ 7 牝GⅢ 16ト16頭 天外 1356 54 吉田隼 S ④②④ 484 人気6 2 3/4 360 中 355 ノットフォーマ 1352 0.4	2京 2月8日 ④きさらぎ 1 GⅢ 3ト8頭 天外 1486 54 戸崎圭 S ③③③ 450 人気1 好位抜出 2身 367 中 344 ポルトドートウ 1489 0.3	1阪 3月7日 ③チューリ 2 牝GⅢ 1ト17頭 天外 1379 54 川田 M ⑬⑭⑮ 436 人気7 後方伸 1 1/4 370 外 357 ココロノアイ 1377 0.2	2中 3月21日 ⑦フラワー 2 牝GⅢ 5ト16頭 天内 1496 54 三浦 S ⑦⑧⑧ 438 人気12 G前競い 1 1/2 375 中 349 アルビアーノ 1494 0.2	1阪 3月15日 ⑥フィリー 2 牝GⅡ 13ト18頭 内 1226 54 菱田 M ⑬⑫⑬ 424 人気7 内つき伸 3/4身 357 内 350 クイーンズリン 1225 0.1	1東 2月14日 ⑤クインC 2 牝GⅢ 14ト16頭 天 1340 54 浜中 S ⑮⑯⑭ 424 人気3 直線一気 クビ 366 中 338 キャットコイン 1340 0.0	1阪 3月7日 ③チューリ 6 牝GⅢ 7ト17頭 天外 1386 54 北村友 M ⑦⑧⑥ 446 人気4 中位差詰 5 1/2 366 中 368 ココロノアイ 1377 0.9
前走	2東 4月26日 ②フローラ 2 牝GⅡ 6ト17頭 2018 54 横山典 S ③③③ 478 人気1 好位伸 クビ 378 内 341 シングウィズジ 2018 0.0	2阪 4月12日 ⑥桜花 2 牝GⅠ 7ト18頭 天外 1367 55 池添 S ⑩⑫⑬ 488 人気7 後方伸 4身 382 中 334 レッツゴードン 1360 0.7	2阪 4月12日 ⑥桜花 5 牝GⅠ 3ト18頭 天外 1369 55 黛 S ③②② 452 人気16 先行一息 5 1/4 373 中 343 レッツゴードン 1360 0.9	2阪 4月12日 ⑥桜花 17 牝GⅠ 4ト18頭 天外 1375 55 吉田隼 S ⑤⑦⑥ 470 人気18 好位一杯 8 3/4 378 内 346 レッツゴードン 1360 1.5	2阪 4月12日 ⑥桜花 9 牝GⅠ 8ト18頭 天外 1370 55 戸崎圭 S ⑩⑫⑮ 444 人気1 包まれる 5 3/4 382 中 336 レッツゴードン 1360 1.0	2阪 4月12日 ⑥桜花 6 牝GⅠ 9ト18頭 天外 1369 55 川田 S ⑭⑯⑰ 432 人気4 後方追上 5 1/4 384 中 332 レッツゴードン 1360 0.9	2阪 4月12日 ⑥桜花 8 牝GⅠ 10ト18頭 天外 1369 55 幸 S ⑤④② 438 人気15 好位一杯 5 1/2 374 中 342 レッツゴードン 1360 0.9	2阪 4月12日 ⑥桜花 13 牝GⅠ 5ト18頭 天外 1372 55 菱田 S ⑦⑨⑪ 422 人気11 中位一杯 7 1/4 380 中 340 レッツゴードン 1360 1.2	2阪 4月12日 ⑥忘れな草 1 牝オープン 7ト12頭 内 2035 54 浜中 S ⑨⑨⑦ 426 人気1 後方一気 3/4身 388 外 340 ロカ 2036 0.1	2阪 4月12日 ⑥桜花 3 牝GⅠ 1ト18頭 天外 1368 55 ルメール S ③⑤⑪ 444 人気8 内つき伸 4 3/4 376 内 336 レッツゴードン 1360 0.8

1着⑩ミッキークイーン（３番人気）
2着⑭ルージュバック　（１番人気）
3着⑰クルミナル　　　（６番人気）
単⑩680円　複⑩210円　⑭160円　⑰300円
馬連⑩ー⑭1160円　馬単⑩→⑭3030円
3連複⑩⑭⑰4140円
3連単⑩→⑭→⑰20150円

らである。ただ、このレースでは展開予想は当たっていた。

ほとんどの馬が未経験となる東京芝2400m戦の前半は、スローに落ち着きやすいレース。逃げが予想されるノットフォーマルが距離に自信がないことから、序盤はスローペースで運ぶだろうが、桜花賞の反省からペースが早めに上がっていき、持続力が要求されるレースになるだろうというのが事前の予想。

ということから、桜花賞での敗戦から人気を落としていたアンドリエッテから引き続き勝負した。また、クイーンCでラスト3F11・4―11・5―12・2とトップスピードを長く維持することが求められる展開で追い込んできたミッキークイーンや、桜花賞でも取り上げたルージュバックを引き続き有力視していた。

レースは戦前の予想通り、ペースが落ち着き向正面では12秒台後半を連発するスローであった。そして残り1000m地点からペースが引き上げられ、最速がコーナーでの11・3となかなか速く、トップスピードと持続力を要求される展開となった。

しかしアンドリエッテは桜花賞同様、後方から動き出しの意識が薄いまま、コーナーで外々を回しながら直線。最後1Fで鋭く伸びてくるも、5着までが精一杯。

この馬は加速力に欠けるので、どうしても加速地点で遅れてしまう。スローから3コーナーで加速した際に、しっかりとそれについていく意識をもっと強く持つ必要があった。

また先述したように、11・3と最速を計時したコーナーで外を回してしまうと追走にエネルギーを消費してしまい、最後まで脚を使うことができなくなってしまう。

一方、馬券圏内に入った3頭は、この展開にどう対応したのだろうか。

1着ミッキークイーンは最速地点に近い4角直線入りの地点で少し反応に苦しんでいることから、加速力、トップスピード能力は少し劣っており、しかし持続力に秀でていたことで最後の追い比べを制したことがわかる。

この加速力がGⅠレベルでは若干見劣る点は、後のジャパンCでも露呈しており、本馬の今後

の課題だろう。

ルージュバックは、桜花賞でクルミナルと同じ位置にいながら伸び切れなかったことからも、加速力が取り立てて優れているとはいえない。だが、オークスでは勝負どころで素早く反応し、並びかけてきたクルミナルを突き放し、加速力と持続力、トップスピード能力をほどよく併せ持っていることを確認できた。

クルミナルは加速力ではこの3頭の中では抜きん出ていたが、持続力がGⅠレベルにはなく、最後の根性比べでは遅れてしまった。ただし、その持続力は、アンドリエッテの差し込みを抑える程度には高かったといえるはずだ。残念ながらクルミナルは16年1月現在休養中だが、復帰してくれれば引き続き良馬場では注目したい。

●ファイル3…15年秋華賞（馬柱、ラップはP98〜99）

レース前における展開予想は、京都芝2000mはスタートから1コーナーまでの距離が短く、外枠に無理にでも行きたい逃げ馬ノットフォーマルが入ったことから、先行争いが激化することが予想されていた。

また、この時期の芝コースは高速馬場。ペースが緩むことはなく、追走力、持続力が最も必要とされると考え、私は前走ローズSやクイーンCで追走力、持続力を高いレベルで見せていたミッキークイーンを軸に据えた。

実際のレースでは、最遅で12・0と序盤から緩みがなく、追走力と持続力を要求される展開に。勝負どころでの最速は11・6と、トップスピードはほとんど問われない結果となった。

予想の通りのレース展開となり、また浜中騎手の積極策、好騎乗も光って、軸馬ミッキークイーンは見事1着に来た。

2着にはフィリーズレビューで追走力と持続力を発揮したクイーンズリング。3着には重馬場での未勝利戦で追走力、持続力が一定レベルにあることを見せ、前走の古馬混合500万下では大幅体重増で勝利し、春からパワーアップして帰ってきたマキシマムドパリが入った。これらの馬はいずれも買い目に入っており、幸いにも3連複の2万馬券をゲットすることができた。

さて、桜花賞を除外されたが牝馬二冠を達成したミッキークイーンについて「幻の三冠馬」と呼ぶ向きもあるようだ。

しかし、オークスで勝負どころで置かれたところからも、桜花賞のような加速力をフル

2000m良）

京都 11R（メインレース） 発馬 3.40　第20回 秋華賞（GI）　指 国際 牝 サラ三才オープン・馬齢

	1 白1	2 白1	3 黒2	4 黒2	5 赤3	6 赤3	7 青4	8 青4
父	ステイゴールド	マンハッタンカフェ	ディープインパクト	ハーツクライ	マンハッタンカフェ	キングカメハメハ	キングカメハメハ	クロフネ
馬名	ココロノアイ	クインズミラーグロ	ディープジュエリー	ディアマイダーリン	シングウィズジョイ	マキシマムドパリ	トーセンビクトリー	ホワイトエレガンス
母	ビューティソング	ジャストトゥートゥー	ジュエルオブザナイト	オネストリーダーリン	シングライクバード	マドモアゼルドパリ	トゥザヴィクトリー	レディペローナ
毛色	鹿毛	黒鹿	鹿毛	鹿毛	青鹿	芦毛	鹿毛	芦毛
斤量	55 牝3	55 牝3	55 牝3	55 牝3	55 牝3	55 牝3	55 牝3	55 牝3
騎手	横山典	吉田豊	柴山雄	福永	内田博	幸	武豊	丸田
厩舎	南 尾関	北 和田道	北 国枝	南 菊沢	美 友道	栗 松元茂	栗 角居	北 国枝
賞金	3500	1900	1900	1900	3400	900	1500	1500
総賞金	8580	4570	3500	4460	7530	4080	4920	4303
馬主名	酒井牧場	クイーンズ・ランチ	吉田勝己	窪田康志	社台RH	グリーンF	島川隆哉	嶋田賢
牧場名	酒井牧場	富田牧場	ノーザンF	追分F	社台F	社台F	ノーザンF	服部牧場
持木	△						注	
那谷		△		△	△	△	◎	
加茂		△	△		△		▲	△
須藤	▲						△	
中邑			◎			注		
本紙田崎	東	東	△ 東	東	△	△	△	東
芝1600	東1344 1	新1333②		東1354①	東1343⑥	中1352②		中1356⑤
芝1800	福1519 2	中1505②	阪1464⑦	中1496③	阪1480⑭	京1483③	阪1456③	札1464①
芝2000		中2002①		東2018②	東2018①	東2019③	栗2018①	中2003②
芝2200	亖2257⑦	盂1221③		亖2264⑪	亖2275⑰	阪2134①		盂1229 6
芝上り	天33.3①	天33.9②	大33.8①	天33.6①	大33.4②	[illegible]③	大33.9⑦	大34.2①
ダート上り						3		
ダ1600 / ダ1800								
芝コース重の実績	◎1000	○0000	○0000	○0000	○0000	○1000	○0000	○0000
母の父	デインヒル	インエクセス	ジャイアンツコーズウェイ	キングマンボ	シンボリクリスエス	サンデーサイレンス	サンデーサイレンス	サンデーサイレンス
兄弟馬	ストラディヴァリオ	ケイアイヘルメス	イヴニングジュエル	サンレガーロ	初仔	サトノエトワール	トゥザグローリー	マイネエポナ
距離別勝利度数（〜千六のみ）	0003	0111	0030	0011	0111	1100	0120	0110
距離別勝利度数（千七〜二千含む）	0010	0011	0000	0100	0011	0011	0010	0110
距離別勝利度数（二千〜二千二）	0001	0001	0000	0020	0000	0120	0030	0000
距離別勝利度数（二千三〜）	0001	0002	0010	0010	0022	0000	0010	0023
前々走	2東 5月24日 ⑩オークス 7 牝GI 4 17頭 亖 2257 55 横山典 S ⑧⑨⑩ 452 人気4 中位差詰 4¼ 364 中 346 ミッキークイー 2250 0.7	2新 8月22日 ⑦村上 1 500万 2 15頭 天外 1344 52 吉田豊 S ⑪⑪⑩ 432 人気1 中位一気 同着 361 中 345 レインボーラグ 1344 0.0	2東 5月3日 ④スイート 1 牝オープン 4 15頭 天 1474 54 柴田善 S ⑪⑪⑪ 488 人気1 G前差すハナ 371 内 338 トーセンナチュ 1474 0.0	2東 5月24日 ⑩オークス 11 牝GI 18 17頭 亖 2264 55 福永 S ④③③ 478 人気11 好位一杯 8½ 361 中 359 ミッキークイー 2250 1.4	2東 5月24日 ⑩オークス 17 牝GI 5 17頭 亖 2275 55 内田博 S ③③④ 450 人気9 好位一杯 15身 360 中 369 ミッキークイー 2250 2.5	2東 5月24日 ⑩オークス 8 牝GI 2 17頭 亖 2259 55 武豊 S ⑩⑬⑬ 442 人気12 中位差詰 5½ 367 中 345 ミッキークイー 2250 -0.9	2小 8月23日 ⑧西部スポ 1 1000万 11 11頭 天 1479 52 武豊 S ④⑤③ 458 人気1 楽抜出 1½ 377 外 347 キリシマホーマ 1481 0.2	1札 8月9日 ④藻岩 1 1000万 9 12頭 大 1464 50 丸田 M ③③② 478 人気3 好位抜出 クビ 366 中 342 タガノエンブレ 1464 0.0
前走	5ヵ月休 骨折放牧 乗込み5週間 仕上り○ 連対体重 448〜460 3ヵ月以上休 ①②③外 0100	4中 9月12日 ①紫苑 1 牝オープン 10 18頭 亖内 2002 54 吉田豊 S ⑩⑩⑧ 434 人気8 中位一気 ½身 364 中 345 ホワイトエレガ 2003 0.1	4阪 9月20日 ④ローズS 7 牝GII 12 17頭 天外 1464 54 柴山雄 M ⑬⑪⑫ 486 人気6 後方差詰 7½ 363 中 353 タッチングスピ 1452 1.2	5ヵ月休 放牧 乗込み8週間 仕上り○ 連対体重 472〜478 3ヵ月以上休 ①②③外 0011	4阪 9月20日 ④ローズS 14 牝GII 4 17頭 天外 1480 54 内田博 M ②②② 466 人気8 先行一杯 17身 354 中 376 タッチングスピ 1452 2.8	4阪 9月21日 ⑤[illegible] 1 500万 10 12頭 三内 2134 52 武豊 S ④④③ 466 人気1 好位抜出 2身 366 中 350 エイシンハドソ 2137 0.3	4阪 9月20日 ④ローズS 3 牝GII 13 17頭 天外 1456 54 武豊 M ⑬⑬⑨ 454 人気2 後方追込 2¾ 363 外 346 タッチングスピ 1452 0.4	4中 9月12日 ①紫苑 2 牝オープン 13 18頭 亖内 2003 54 丸田 S ④④② 468 人気5 一旦抜出 ½身 359 中 350 クインズミラー 2002 0.1

（前走欄の見方：開催場所・月日／開催日・着順／条件・枠・頭数／距離・タイム／斤量・騎手名／ペース・通過順／馬体重・人気／戦評・馬身差／前半600・上り600に／①②着時計 秒差）

▼15年秋華賞レースラップ

12.0ー10.5ー11.3ー11.6ー12.0

ー12.3ー11.9ー 11.8ー11.6ー11.9

●2015年10月18日京都11Ｒ秋華賞（ＧⅠ、芝

⑱ 桃8	⑰ 桃8	⑯ 桃8	⑮ 橙7	⑭ 橙7	⑬ 橙7	⑫ 緑6	⑪ 緑6	⑩ 黄5	⑨ 黄5
ディープインパクト㊙	マンハッタンカフェ㊙	ヴァーミリアン㊥	ディープインパクト㊙	ステイゴールド㊙	ブラックタイド㊥	ディープインパクト㊙	ディープインパクト㊙	キングカメハメハ㊙	マンハッタンカフェ㊙
ミッキークイーン	アースライズ	ノットフォーマル	テンダリーヴォイス	キャットコイン	アスカビレン	アンドリエッテ	タッチングスピーチ	レッツゴードンキ	クイーンズリング
ミュージカルウェイ㊥	ライジングクロス㊙	リミッターブレイク㋮	ミスアンコール㋮	ストレイキャット㊥	スウェプトレジーナ㊙	アナバシュドチャーム㊥	リッスン㋮	マルトク㊙	アクアリング㊙
鹿毛	青鹿	黒鹿	鹿毛	栗毛	鹿毛	鹿毛	鹿毛	栗毛	黒鹿
55 牝3	55 牝3	55 牝3	55 牝3	55 牝3	55 牝3	55 牝3	55 牝3	55 牝3	55 牝3
浜中	川須	黛	松山	柴田善	池添	川田	ルメール	岩田康	M.デムーロ
池江寿	矢作	中野栄	萩原	二ノ宮	中尾秀	牧田	石坂	梅田智	吉村
7950	1100	2100	1400	2600	1500	1100	3400	6700	3400
15,780	3510	6320	4230	5080	3520	3560	6430	15,650	8500
野田みづき	吉田勝己	芳賀克也	金子真人HD	サンデーR	神田紘爾	永田和彦	サンデーR	廣崎利洋HD	吉田千津
ノーザンF	ノーザンF	千代田牧場	ノーザンF	白老F	桑田牧場	森永牧場	ノーザンF	清水牧場	社台F
◎				△		▲	△	○	△
▲							注	○	△
○						注	△	◎	
注			△		△	△	◎	○	△
○	△			△	△		△	▲	△
▲		東	東	東		注	△	◎	○
東1340② 阪1454② 阪2035① 二四2250①	京1364⑭ 中1496② 中2006⑦ 二四2255④	中1352① 札1473④ 中2021⑮ 二四2267⑬	東1354② 中2007⑪	東1340① 二四2265⑫	中京1346⑧ 阪1467① 東2022⑧	東1341④ 阪1462⑥ 一四1234③ 二四2256⑤	京1369③ 阪1452① 札2003①	東1344② 阪1459④ 二四2261⑩	中1349① 阪1461⑤ 一四1225① 二四2260⑨
一四3[illegible]7② 1	天34.2⑧	天33.6⑧ 芝ダ39.2⑫ 芝ダ1148⑫	天33.8②	天33.4⑦	天33.2①	天33.2⑥	天33.9①	天33.5①	[illegible]④ 2
○1000	○0000	○0000	○0000	○0000	○0001	◎0100	○0001	○0010	○0000
ゴールドアフウェイ	ケープクロス	マンハッタンカフェ	キングカメハメハ	ストームキャット	スウェプトオーヴァ	シルヴァーデピュティ	サドラーズウェルズ	マーベラスサンデー	アナバー
トーセンマタコイヤ	ライザン	ステラトーキョウ	初仔	タダノエリザベート	アスカリンカーン	アールシネマスタア	アスコルティ	マルトクスパート	初仔
三 辛 天 天 0 1 0 1 0 0 1 1 0 0 0 0 0 0 0 0	三 辛 天 天 0 0 1 0 0 0 1 0 0 0 0 0 0 2 0 2	三 辛 天 天 0 0 0 1 0 0 0 0 0 0 1 0 0 1 3 3	三 辛 天 天 0 0 0 2 0 0 0 2 0 0 0 1 0 1 0 2	三 辛 天 天 0 0 0 3 0 0 0 0 0 0 0 0 0 0 0 1	三 辛 天 天 0 0 1 2 0 0 0 0 0 0 0 0 0 1 1 3	三 辛 天 天 0 0 0 1 0 0 0 1 0 0 0 0 0 0 1 2	三 辛 天 天 0 2 1 0 0 0 0 0 0 0 0 1 0 1 0 1	三 辛 天 天 0 0 1 1 0 0 0 2 0 0 1 1 0 0 1 0	三 辛 天 天 0 0 1 1 0 0 0 0 0 0 0 0 0 0 1 1
2東 5月24日 ⑩オークス 1 牝GⅠ 10ゲ17頭 二四2250 55 浜中 S ⑫⑨⑨ 430 人気3 中位差切 3/4身 368 外 340 ルージュバック 2251 0.1	3阪 6月14日 ④マーメイ 9 牝GⅢ 7ゲ16頭 芝内2011 49 中谷 S ③④⑤ 436 人気3 好位一杯 3½ 370 中 350 シャトーブラン 2005 0.6	1札 8月2日 ②クイーンS 4 牝GⅢ 4ゲ10頭 天1473 52 黛 M①①① 450 人気6 逃一息 1½ 355 内 353 メイショウスザ 1471 0.2	2阪 4月12日 ⑥桜花 12 牝GⅠ 14ゲ18頭 天外1371 55 福永 S ⑦⑨⑥ 408 人気9 中位一杯 6¾ 380 中 342 レッツゴードン 1360 1.1	2東 5月24日 ⑩オークス 12 牝GⅠ 7ゲ17頭 二四2265 55 柴田善 S ⑰⑰⑰ 426 人気8 S後後離 8¾ 378 外 348 ミッキークイー 2250 1.5	3中京 7月12日 ④ 8 1000万 7ゲ16頭 天1346 52 秋山 M⑥⑥⑯ 454 人気5 直線不利 1¼ 363 中 349 ドラゴンストリ 1343 0.3	2東 5月24日 ⑩オークス 5 牝GⅠ 13ゲ17頭 二四2256 55 川田 S ⑬⑭⑬ 438 人気7 後方追上 3½ 371 外 343 ミッキークイー 2250 0.6	1札 8月8日 ③三才上 1 牝500 15ゲ16頭 芝2003 52 福永 S ⑮⑮⑬ 456 人気4 後方一気 1¼ 375 外 342 ロッカフラベイ 2005 0.2	2東 5月24日 ⑩オークス 10 牝GⅠ 1ゲ17頭 二四2261 55 岩田康 S ⑤⑥⑥ 458 人気2 好位一杯 6½ 362 内 352 ミッキークイー 2250 1.1	2東 5月24日 ⑩オークス 9 牝GⅠ 6ゲ17頭 二四2260 55 M.デムーロ S ⑬⑭⑮ 448 人気5 後方差詰 5¾ 369 中 345 ミッキークイー 2250 1.0
4阪 9月20日 ④ローズS 2 牝GⅡ 8ゲ17頭 天外1454 54 浜中 M⑰⑰⑰ 438 人気1 後方伸 1½ 369 外 338 タッチングスピ 1452 0.2	4中 9月12日 ①紫苑 7 牝オープン 2ゲ18頭 芝内2006 54 川須 S ②②① 444 人気3 先行一息 2身 358 中 354 クインズミラー 2002 0.4	4中 9月12日 ①紫苑 15 牝オープン 1ゲ18頭 芝内2021 54 黛 S ②②② 458 人気4 先行一杯 11¼ 357 中 369 クインズミラー 2002 1.9	4中 9月12日 ①紫苑 11 牝オープン 12ゲ18頭 芝内2007 54 戸崎圭 S ⑦⑤⑤ 428 人気1 1角不利 3身 360 中 353 クインズミラー 2002 0.5	5ヵ月休 放牧 乗込み4週間 仕上り○ 連対体重 434～440 3ヵ月以上休 ①②③外 1 0 0 0	4阪 9月26日 ⑥ 1 牝1000 11ゲ17頭 天外1467 52 浜中 S ③③③ 462 人気4 好位抜出 2身 376 中 336 レネットグルー 1470 0.3	4阪 9月20日 ④ローズS 6 牝GⅡ 3ゲ17頭 天外1462 54 横山典 M⑨⑬⑫ 450 人気4 伸一息 6¼ 362 内 351 タッチングスピ 1452 1.0	4阪 9月20日 ④ローズS 1 牝GⅡ 15ゲ17頭 天外1452 54 ルメール M⑯⑯⑮ 460 人気7 直線一気 1½ 367 外 339 ミッキークイー 1454 0.2	4阪 9月20日 ④ローズS 4 牝GⅡ 10ゲ17頭 天外1459 54 岩田康 M①①① 472 人気3 逃一息 4½ 351 内 356 タッチングスピ 1452 0.7	4阪 9月20日 ④ローズS 5 牝GⅡ 16ゲ17頭 天外1461 54 M.デムーロ M③⑤⑤ 450 人気5 好位一息 5½ 356 内 354 タッチングスピ 1452 0.9

1着⑱ミッキークイーン（1番人気）

2着⑨クイーンズリング（5番人気）

3着⑥マキシマムドパリ（8番人気）

単⑱300円　複⑱150円　⑨400円　⑥560円

馬連⑨ー⑱2790円　馬単⑱→⑨4100円

3連複⑥⑨⑱22790円

3連単⑱→⑨→⑥85610円

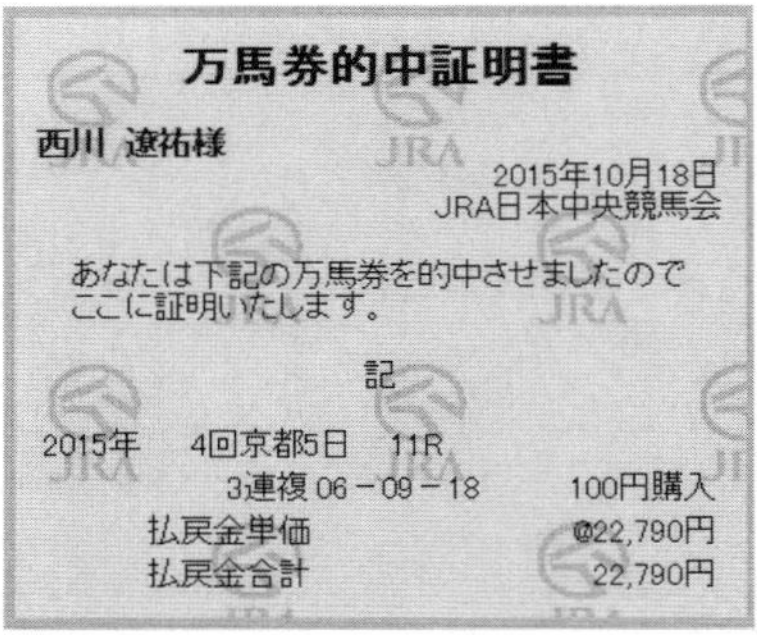
万馬券的中証明書

西川 遼祐様

2015年10月18日
JRA日本中央競馬会

あなたは下記の万馬券を的中させましたので
ここに証明いたします。

記

2015年　4回京都5日　11R
3連複 06－09－18　100円購入
払戻金単価　@22,790円
払戻金合計　22,790円

三冠ラストの秋華賞で3連複⑥⑨⑱22790円を的中。

に発揮しなければいけないレースでは力を発揮できず、おそらく掲示板外に敗れた可能性が高いというべきだろう。つまり、三冠を獲るほど他馬よりも秀でていたわけではないというのが、私の見立てである。

コースごとのラップ傾向もつかんでおこう！

前項でも少し触れたが展開予想についても掘り下げてみたい。冒頭に書いた通り、展開予想はケースバイケース。しかし展開予想の際に必ず留意したいのが、コースごとのラップ傾向である。

これをつかんでいれば、さほど大崩れすることなく展開予想を組み立てることができるのではないだろうか。紙面スペースの都合上、今回は特に特徴の強いコースを幾つか紹介する。

図3●阪神、京都外、東京の芝1400m平均ラップ（2013年〜15年・古馬）

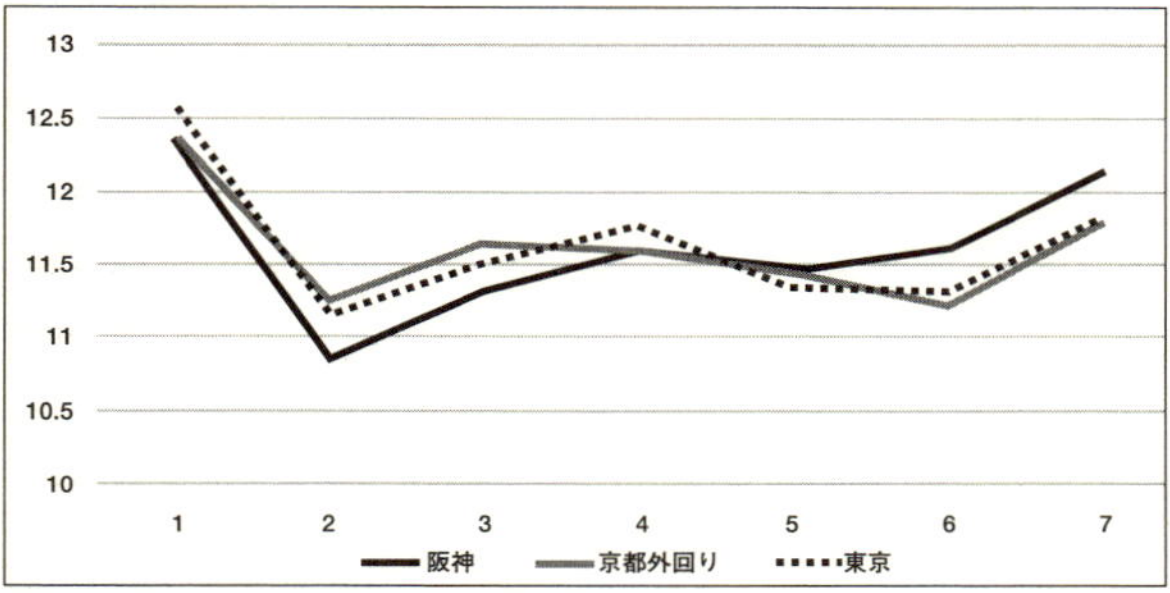

●追走力、持続力の求められる阪神芝1400m

図3は2013〜15年の阪神と京都外回り、東京の古馬芝1400m戦の平均ラップである。阪神が他場に比べ、前半ハイペースで飛ばして後半に落ち込むラップとなっていることがわかるだろう。

京都、東京がスタートしてすぐ上り坂で、前半にラップが落ち着きやすいのに対して、阪神はスタートから直線の急坂まで緩やかな下り坂が続いていることが大きな要因であろう。従って、阪神芝1400mでは追走力、持続力を重視して予想したい。

●意外とヨーイドンじゃない？　新潟芝2000m外回り

図4（P102）は13〜15年の新潟芝外回りと東京芝2000mの古馬戦での平均ラップを比較したもの。新潟外回りというと、どうしてもスローからの瞬発力勝負というイメー

図4●新潟外、東京の芝2000m平均ラップ（2013年～15年・古馬）

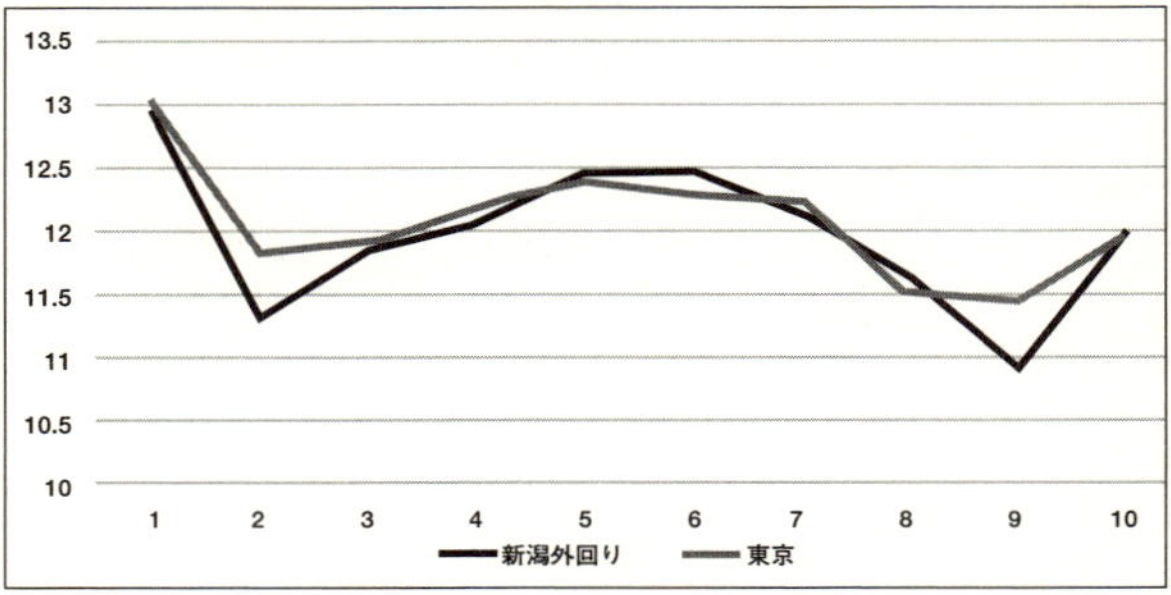

ジが強いが、前半のペースや、後半の加速するグラフの傾きは両者にさほど違いは見られない。

最速ラップは、やはり直線が平坦な新潟のほうが速くなっている。また加速地点でのグラフの傾きが同じでも、東京は直線に坂があるのでその分、東京のほうが加速力を要するが、それ以外の前半追走力や持続力といった能力は、新潟でも同様に問われると考えていい。

●ローカルダート1700m徹底比較

図5は福島、小倉、函館、札幌のダート1700mの平均ラップの比較である（最初の100m省略）。いずれも向正面で一度緩み、3角手前からゆったりと再加速する流れは共通している。

グラフにしただけだと、それぞれの細かな違いについてはわかりづらいので、その下に数値を書き出してみた。

図5●福島、小倉、函館、札幌ダート1700mの平均ラップ（2013年～15年・古馬
※スタートの100m省略）

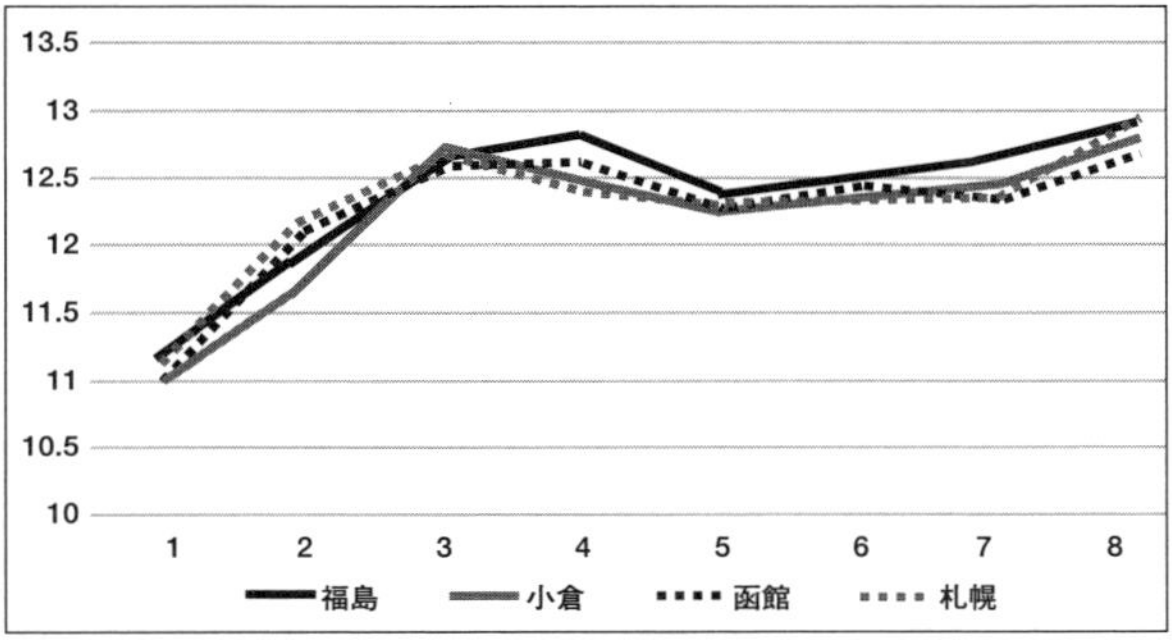

福島7.06―11.26―11.93―12.65―12.84
―12.42―12.54―12.62―12.93
小倉6.90―11.00―11.73―12.70―12.48
―12.27―12.38―12.45―12.81
函館6.96―11.04―12.08―12.62―12.63
―12.29―12.43―12.36―12.69
札幌6.83―11.14―12.20―12.69―12.42
―12.30―12.37―12.36―12.95

その数値を見ればわかるように、どの競馬場でも3角手前からスパートが始まっているので持続力は必須となる。その中でも特に持続力を要求しているのは、どの競馬場だろうか。

ラスト1Fの落ち込みの大きさは、そのレースが持続力を必要としていることを表すので、すなわちコンマ5秒（0秒5）以上ラストで落ちている札幌が、最も持続力を要する馬場だといえる。

またスパート地点であるラスト4F目で最も急激な加速となっているのは福島、次いで函館の順。福島、

図6●阪神芝外、中山芝1600mの平均ラップ
（2006年〜15年・2歳OP）

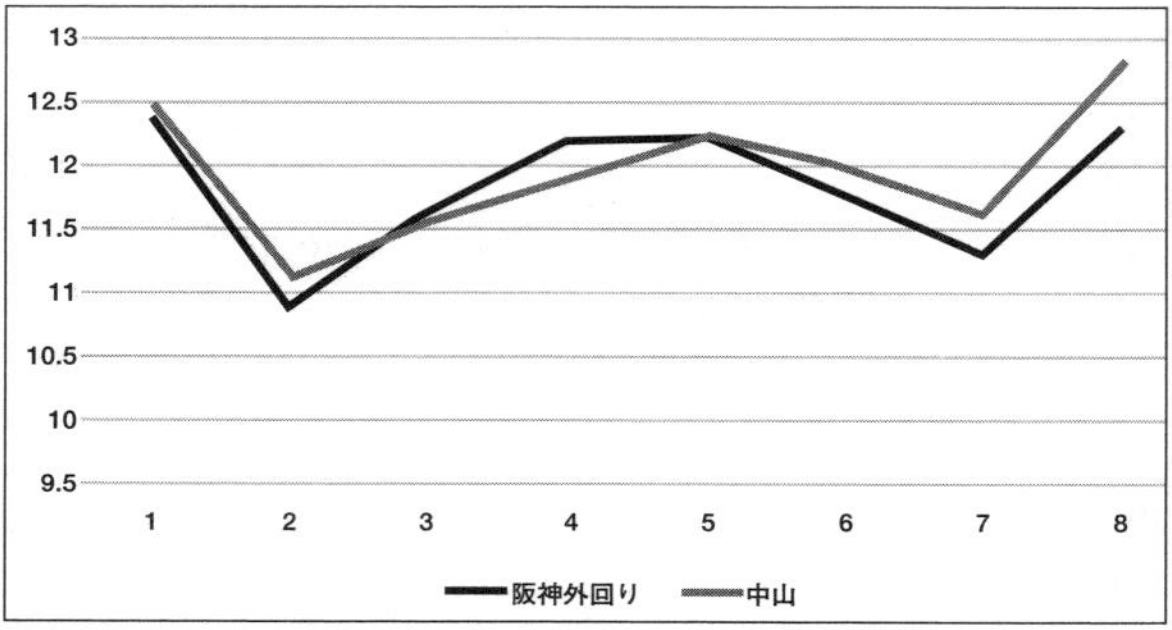

函館は加速力が他より求められている。それに対し小倉は、始まりから終わりまでペースの上下差が少なく、他に比べペースが少し速い。小倉では追走力が必要とされているようだ。

札幌……持続力
福島、函館…加速力
小倉……追走力

と、それぞれ重要視される要素が異なる点に着目したい。

●クラシックに直結しやすい阪神芝1600m

ここからは2つ続けて、近年に施行場の変わったGIレースのコース傾向について見ていこう。まずは朝日杯FSから。

図6は06〜15年の阪神芝外回り、中山の芝1600mの2歳OP戦の平均ラップである。

阪神では道中のペースが遅い分、最速ラップが中山よりも速く、またラスト3F目での加速の傾きも大きい。またそれ

図７●中京、阪神ダート1800mの平均ラップ
（2012年〜15年・古馬ＯＰ）

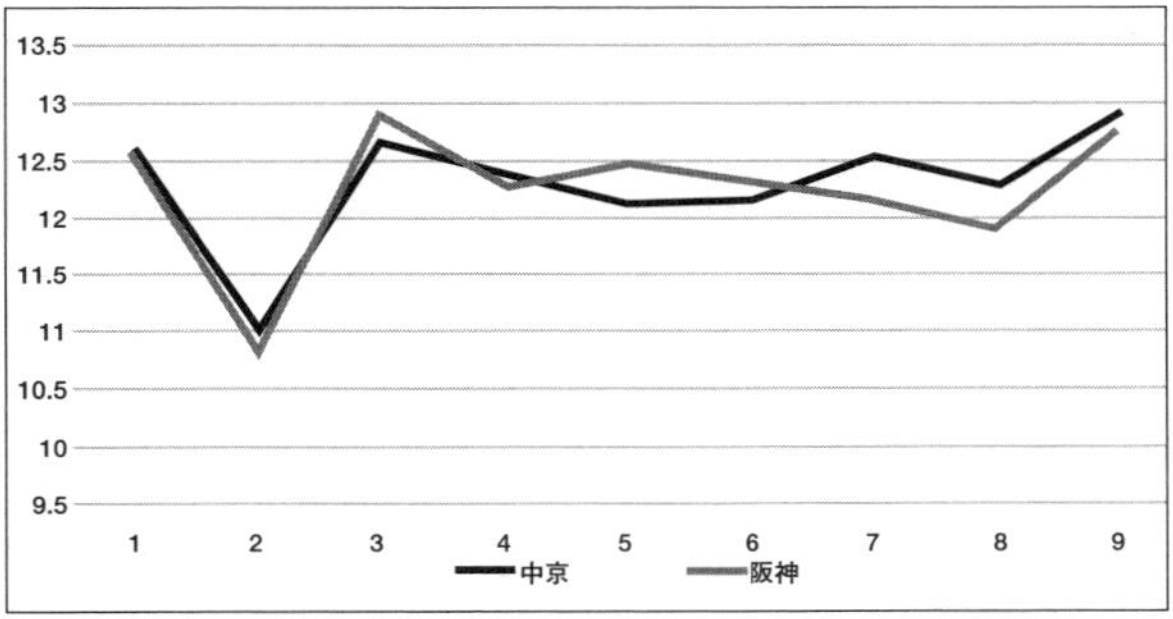

でいてラスト１Ｆは中山とほぼ同じ速度となっているので、持続力も要求される。

すなわち、阪神では中山よりトップスピード、加速力、持続力が大きく求められるため、よりクラシックと直結しやすいということ。

一方の中山では、前半の追走力が大きく要求されるので、2歳時点での立ち回りのうまさ、完成度の高さが結果と結びつきやすいといえるだろう。

14年より阪神開催に移行した朝日杯ＦＳでは今後、クラシックで好走する馬が、中山時代はより多く出てくると予想したい。

●加速力、追走力の求められる中京ダート１８００ｍ

続いてはチャンピオンズＣを見てみよう。図７は12〜15年の中京、阪神のダート１８００ｍの古馬ＯＰ戦での平均ラッ

▼中山ダート1200mのクラス別平均ラップ
（2011～15年）

古馬500万	12.05－10.71－11.44－12.20－12.36－13.02
古馬1000万	11.98－10.58－11.34－12.11－12.27－12.96
古馬1600万	11.89－10.55－11.22－11.96－12.15－12.93
古馬ＯＰ	11.95－10.54－11.29－11.95－11.95－12.56

プである。

中京は阪神に比べてコーナー半径がきついことから、ラスト3F目で減速して直線の上り坂で再び加速する流れになっている。また、前半は阪神よりも少し速く流れ、追走力も求められている。

以上のことから、中京では阪神に比べ加速力、追走力が強く求められ、トップスピード能力はあまり求められないといえるだろう。

コーナー半径が厳しく直線で再加速するのは大井も同様であり、チャンピオンズCは阪神でのJCダートに比べ、東京大賞典と直結しやすくなっているのではないだろうか。事実、14、15年とチャンピオンズCの最先着馬が次走東京大賞典を制覇している。

●昇級戦はこれでバッチリ!?　中山ダート１２００ｍ

最後に中山ダート１２００ｍについて見てみよう。上に挙げた数字は11～15年の中山ダート１２００ｍのラップ平均を古馬クラス別に分けたものだ。

さらに細かく見ていくために、図8でクラスがひとつ上がったときのラップ

図8●中山ダート1200mの昇級による平均ラップの変化（2011〜15年）

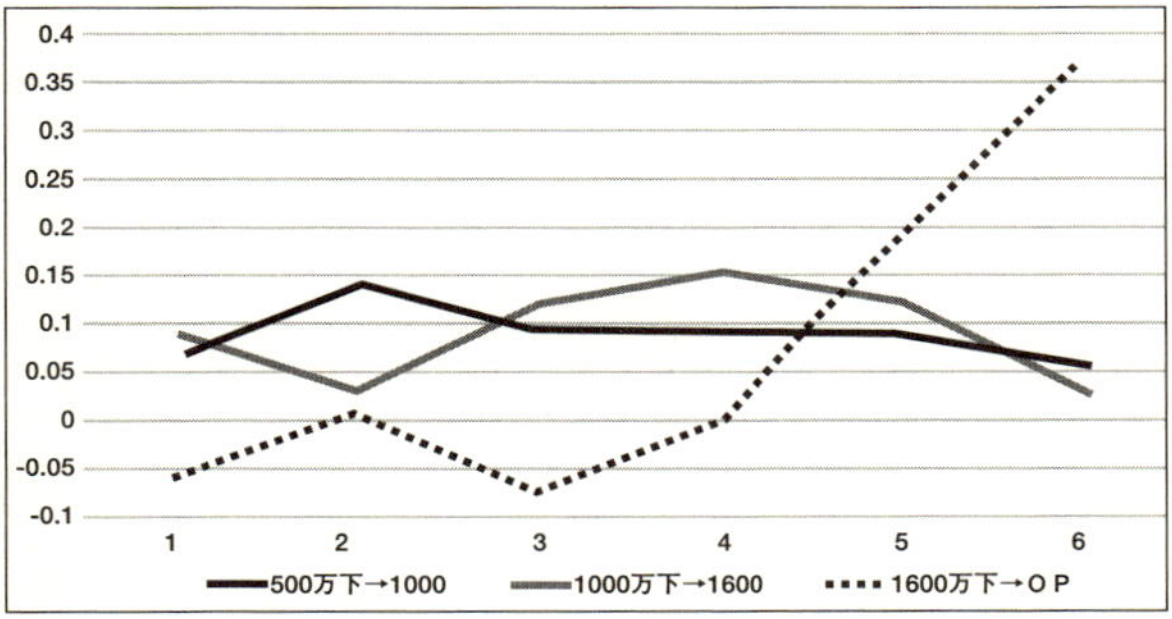

の変化値を表してみた。マイナスが大きければ大きいほど、昇級とともにラップが速くなっていることを表している。

まず500万下から1000万下では、すべての区間においてコンマ1秒近く速くなっており、各要素がバランスよく強化されているのがわかるだろう。その中でも特に2F目が激化するようになっており、テンの速さが特に問われやすくなっていると見ていい。

次に1000万下から1600万下では、2F目はほとんど変わらず、テンの速さは1000万下を卒業したてでも十分通用する。しかし、3、4F目では500万下から1000万下のときよりもさらに速くなっており、テンの速さを持続する能力、すなわち追走力、持続力が必要だ。

最後にOP戦では、序盤4Fの変化は見られず、追走力は1600万下レベルでも通用する。しかし、ラスト2Fでの変化に注目してもらいたい。ラスト2F目ではコンマ2秒、ラスト1Fではコンマ4秒近くも1600万下と比べ速くなっている。

古馬OPの平均ラップを見ると、序盤から1000m、12秒を切るハイペースで走っていることがわかる。つまり古馬OPでは、それまでよりも一層、トップスピードの持続力が求められているのだ。

まとめると、昇級馬がいきなり通用するには、それぞれ次のような能力が優れていなければならない。

500万→1000万……テンの速さ
1000万→1600万…追走力、持続力
1600万→OP…………トップスピード、持続力

●ファイル4…15年有馬記念（馬柱、ラップはP110〜111）

展開予想の最後に、手前味噌になるが会心の予想となった15年の有馬記念について振り返りたい。

このレースの展開を把握するうえで重要だったのは、ゴールドシップ内田騎手とキタサンブラック横山典騎手の駆け引きだった。

ゴールドシップは二の脚がつかず、追走力や加速力には優れていないが、一度エンジンが点火したら脚色が鈍らない、現役屈指の持続力の持ち主だった。しかしながらこのレースでは、レースのカギを握る逃げ先行馬キタサンブラックにゴールドシップ元主戦の横山典騎手が乗っていたため、ゴールドシップにマクらせない競馬をするのでは？　という見解もあった。

ここで、横山典騎手がゴールドシップ対策として取りうる戦法は3つ考えられた。

Ⅰ：道中緩みのないペースで逃げ、ゴールドシップに脚をためさせない。
Ⅱ：一旦スローに落として向正面からペースを引き上げ、マクリ戦法を封じる。
Ⅲ：一旦ゴールドシップにマクらせ、3、4角からもう一度スパートする（ケンブリッジサン戦法）。

※ケンブリッジサン戦法……14年4月5日安房特別（中山芝2500m戦）において、横山典騎手騎乗のケンブリッジサンが逃げていたものの、残り5F～4Fの地点にかけて他馬が仕掛けてくると、押さえて後退していくように見えた。しかし、実際は他馬を先に行かせただけで4角から直線で再びスパートをかけて勝利した。映像を参照されたし。めっ

2500ｍ良）

	1	2	3	4	5	6
中山 10R（メインレース） 発馬 3.25 第60回 有馬記念 GⅠ ㊈国際・サラ三才上 オープン・定量	白1	白1	黒2	黒2	赤3	赤3
父	ステイゴールド	キングカメハメハ	ディープインパクト	キングカメハメハ	アドマイヤドン	アドマイヤドン
馬名	オーシャンブルー	ヒットザターゲット	ラストインパクト	ラブリーデイ	アドマイヤデウス	アルバート
母	プアプー	ラティール	スペリオルパール	ポップコーンジャズ	ロイヤルカード	フォルクローレ
毛色	鹿毛	栗毛	青鹿	黒鹿	栗毛	栗毛
斤量	57 牡7	57 牡7	57 牡5	57 牡5	57 牡4	57 牡4
騎手	石川	小牧	菱田	川田	岩田康	アッゼニ
厩舎	池江寿	加藤敬	松田博	池江寿	橋田	堀
賞金	11,250	11,850	14,300	27,725	3925	5450
総賞金	26,130	37,887	43,840	71,170	15,900	12,312
馬主名	青芝商事	前田晋二	(有)シルクR	金子真人HD	近藤利一	林正道
牧場名	社台F	ノースヒルズM	白老F	ノーザンF	辻牧場	ノーザンF
佐藤直	…	…	…	△	…	△
小野智	…	△	…	注	…	◎
久光	…	…	△	△	◎	△
西田	…	△	△	▲	…	…
上田	…	…	…	△	…	注
本紙武井	… 西	△ 西	… 西	◎ 西	… 西	△
芝1800	小 1514 ⑥	小 1464 ①	小 1453 ①	阪 1477 ①	京 1507 ③	東 1476 ③
芝2000	京 1586 ①	福 1582 ①	新 1583 ③	小 1573 2	東 1592 ⑪	札 1597 ①
芝2200	中 2125 ⑦	中 2130 ⑯	宝 2157 ①	京 2115 ①	二四 2248 ①	天 1344 ⑦
芝2500	東 2307 ⑤	東 2297 ①	中 2349 ③	東 2312 ⑤	中 2302 ①	二四 2251 ①
芝上り	二千 32.8 ④	二千 33.2 ⑪	二四 33.4 ①	二四 32.3 ①	二千 33.4 ⑪	天 33.4 ③
ダート上り						京ダ 36.7 ⑤
ダ1600 ダ1800						東ダ 1395 ⑤
芝コース重の実績	○0000	○1004	○0001	○0000	○0000	◎0101
母の父	ダッシングブレイド	タマモクロス	ティンバーカントリ	ダンスインザダーク	サンデーサイレンス	ダンスインザダーク
兄弟馬	アルメーリヒ	ポーカーフェイス	タガノホーディング	キングジャズ	アドマイヤドバイ	ディアブラーダ
距離別勝利度数	天 千 三 芸	天 千 三 芸	天 千 三 芸	天 千 三 芸	天 千 三 芸	天 千 三 芸
	0 5 1 1	1 5 0 3	1 3 1 2	2 3 2 2	0 3 0 2	1 2 0 2
	0 0 0 2	1 1 0 1	0 1 1 1	0 2 0 0	0 1 0 0	1 0 0 0
	0 0 0 0	0 2 0 0	0 1 0 2	0 1 0 1	1 0 0 1	2 0 0 0
	1 7 5 6	4 9 6 8	1 4 0 2	1 3 0 4	0 2 0 2	2 1 0 0
開催場所・月日	4中 9月27日	2札 8月23日	4東 11月1日	4東 11月1日	4東 11月1日	5京 11月14日
開催日・着順	⑦ オールカ 8	② 札幌記念 2	⑨ 天皇 12	⑨ 天皇 1	⑨ 天皇 11	3 銀嶺 1
条件・枠・頭数	GⅡ 2ゲト 15頭	GⅡ 5ゲト 15頭	GⅠ 7ゲト 18頭	GⅠ 8ゲト 18頭	GⅠ 18ゲト 18頭	1600万 11ゲト 14頭
距離・タイム	三外 2129	二千 1590	二千 1592	二千 1584	二千 1592	二四外 2274
斤量・騎手名	56 三浦	57 小牧	58 菱田	58 浜中	58 岩田康	57 アッゼニ
ペース・通過順	S ⑧⑩⑪	H ⑫⑫⑫	S ⑩⑪8	S ④④④	S ⑱⑱⑱	S ⑪⑫⑪
馬体重・人気	434 人気13	512 人気8	492 人気9	486 人気1	480 人気16	464 人気3
戦評・馬身差	中位差詰 6身	外強襲 アタマ	前塞る 5 1/4	好位抜出 1/2身	後方差詰 5 1/4	後方一気 2 1/2
前半600・上り600ﾊﾛﾝ	372 内 350	369 中 349	374 中 343	367 中 337	384 内 334	377 中 345
①②着時計 秒差	ショウナンパンドラ 2119 1.0	ディサイファ 1590 0.0	ラブリーデイ 1584 0.8	ステファノス 1585 0.1	ラブリーデイ 1584 0.8	トゥインクル 2278 0.4
開催場所・月日	4中京 12月5日	5東 11月29日	5東 11月29日	5東 11月29日	5東 11月29日	5中 12月5日
開催日・着順	① 金鯱 11	⑨ ジャパン 13	⑨ ジャパン 2	⑨ ジャパン 3	⑨ ジャパン 16	① ステイヤ 1
条件・枠・頭数	GⅡ 7ゲト 12頭	GⅠ 13ゲト 18頭	GⅠ 6ゲト 18頭	GⅠ 1ゲト 18頭	GⅠ 17ゲト 18頭	GⅡ 2ゲト 16頭
距離・タイム	二千 2015	二四 2253	二四 2247	二四 2248	二四 2259	三六内 3459
斤量・騎手名	56 ボウマン	57 小牧	57 ムーア	57 川田	57 岩田康	56 ムーア
ペース・通過順	M ⑫⑫⑪	H ⑯⑰⑰	H ⑫⑧⑪	H ⑥⑥⑤	H ②②②	S ⑩⑨⑦
馬体重・人気	444 人気11	514 人気14	494 人気7	486 人気1	480 人気10	466 人気1
戦評・馬身差	後方まま 16身	後方まま 3 1/4	内つき伸 クビ	好位伸 1/2身	先行一杯 7 1/4	楽抜出 5身
前半600・上り600ﾊﾛﾝ	379 内 367	379 中 340	368 内 339	361 中 343	355 内 359	399 中 350
①②着時計 秒差	ミトラ 1588 2.7	ショウナンパンドラ 2247 0.6	ショウナンパンドラ 2247 0.0	ショウナンパンドラ 2247 0.1	ショウナンパンドラ 2247 1.2	カムフィー 3467 0.8

▼15年有馬記念レースラップ

7.0—11.7—12.2—12.5—12.7—12.8—12.6— 12.6—12.0—11.9—11.5—11.3—12.2

たに見られないレースだ。

しかし、キタサンブラックの適性を考えると、ダービーで前半5F58・8を追走してバテたことからも追走力は高くなく、Ⅰの戦法は取れない。またⅢも、同枠に有力な先行馬

●2015年12月27日中山11R有馬記念（GⅠ、芝

16	桃8 15	14	橙7 13	12	緑6 11	10	黄5 9	8	青4 7
ディープインパクト **マリアライト** クリソプレーズ(中) 黒鹿	ステイゴールド **ゴールドシップ** ポイントフラッグ(マ) 芦毛	ジャングルポケット **ダービーフィズ** マンハッタンフィズ(マ) 栗毛	マンハッタンカフェ **ルージュバック** ジンジャーパンチ(中) 鹿毛	ゼンノロブロイ **リアファル** クリソプレーズ(中) 鹿毛	ブラックタイド(中) **キタサンブラック** シュガーハート 鹿毛	ディープインパクト **トーセンレーヴ** ビワハイジ(マ) 鹿毛	ネオユニヴァース(中) **サウンズオブアース** ファーストバイオリン(中) 黒鹿	ハーツクライ **ワンアンドオンリー** ヴァーチュ(マ) 黒鹿	スクリーンヒーロー **ゴールドアクター** ヘイロンシン 青鹿
55 牝4	57 牡6	57 牡5	53 牝3	55 牡3	55 牡3	57 牡7	57 牡4	57 牡4	57 牡4
蛯名	替内田博	田辺	戸崎圭	ルメール	替横山典	ボウマン	M.デムーロ	替浜中	吉田隼
美久保田	栗須貝尚	北小島太	美大竹	栗音無	栗清水久	栗池江寿	栗藤岡健	栗橋口弘	美中川
6400	43,550	4475	4700	4750	11,700	6425	3925	7825	5000
17,048	130,820	15,700	10,680	13,110	25,320	21,210	17,585	40,477	15,955
キャロットF	小林英一HD	社台RH	キャロットF	キャロットF	大野商事	島川隆哉	吉田照哉	前田幸治	居城要
安ノーザンF	日出口牧場	千社台F	安ノーザンF	安ノーザンF	日ヤナガワ牧場	安ノーザンF	千社台F	新ノースヒルズ	新北勝F
…	△	…	▲	◎	○	…	注	…	△
△	△	…	△	○	▲	…	△	…	…
…	△	…	…	▲	○	…	注	…	△
…	△	…	△	○	注	…	△	…	◎
△	△	…	◎	○	△	△	…	…	▲
…	○ 西	…	△	▲ 西	注 西	… 西	△ 西	… 西	△
新 1466 ③ 阪 2006 ② 中 2127 ⑤ 中 2396 1	東 1483 ① 札 1592 ② 阪 2132 ① 中 2319 ①	東 1468 ⑩ 札 1590 ③ 中 2135 ② 東 2304 ⑥	京 1486 ① 東 2008 ① 京 2150 4 亖 2251 ②	京 2034 ❶ 亖 2267 ① 亖 3040 ③	中 1491 ① 中 1588 ③ 中 2138 ① 亖 2255 ⑭	東 1458 ⑪ 中 1591 ① 中 2185 5 亖 2290 ③	京 1475 ② 阪 2018 ③ 京 2112 ② 中 2305 ④	東 1463 ⑥ 東 1595 ⑯ 阪 2151 ⑪ 中 2360 ⑬	亖 2258 ① 函 2020 ① 中 2157 2 東 2340 ❶
天 32.6 ③	天 33.3 ①	天 33.0 ②	天 32.8 ①	亖 34.1 ① ス芝 36.1 6	天 1 **3**	天 33.3 ①	② **2**	亖 32.9 ⑥	亖 3 ① **1**
				天皐 2019 ② 京ダ 1515 ③					
○1000	◎0000	○0101	○0000	◎1000	○0000	○0002	○0000	○0000	○1000
エルコンドルパサー	メジロマックイーン	サンデーサイレンス	オーサムアゲイン	エルコンドルパサー	サクラバクシンオー	カーリアン	ディキシーランドバ	タイキシャトル	キョウワアリシバ
クリソライト	トレジャーマップ	アプリコットフィズ	マミーテイラー	マリアライト	ショウナンバッハ	ブエナビスタ	ドミニカン	サンセットスカイ	ゴールドムーラン
芸 三 亖 天 2 1 1 1 0 0 1 0 0 0 0 4 0 1 1 1	芸 三 亖 天 2 2 1 3 0 0 2 1 2 0 0 0 5 2 0 0	芸 三 亖 天 1 0 3 1 1 1 1 1 0 1 1 1 6 3 4 2	芸 三 亖 天 0 0 1 2 1 0 0 0 0 0 0 0 0 1 0 0	芸 三 亖 天 1 0 1 2 0 0 0 1 0 0 0 1 0 0 0 1	芸 三 亖 天 0 1 1 2 0 0 0 0 0 0 1 0 1 0 0 0	芸 三 亖 天 0 0 4 3 0 0 0 0 1 0 0 1 1 1 0 2	芸 三 亖 天 0 0 2 0 2 1 0 1 0 0 1 0 3 0 1 1	芸 三 亖 天 2 0 1 0 0 0 1 1 1 0 0 0 4 1 2 2	芸 三 亖 天 4 1 1 0 1 1 0 0 0 0 0 0 1 0 2 0
4中 9月27日 ⑦オールカ 5 GⅡ 14ト15頭 三外 2127 54 蛯名 S ⑪⑩⑧ 440 人気4 中位差詰 5 1/4 377 外 348 ショウナンパン 2119 0.8	3阪 6月28日 ⑧宝塚 15 GⅠ 15ト16頭 三内 2156 58 横山典 S 16⑭⑮ 506 B 人気1 出遅る 7 1/2 394 外 351 ラブリーデイ 2144 1.2	4東 11月1日 ⑨天皇 15 GⅠ 12ト18頭 亖 1594 58 C.デムーロ S 16⑯⑮ 466 人気12 後方まま 6 1/2 381 外 341 ラブリーデイ 1584 1.0	2東 5月24日 ⑩オークス 2 牝GⅠ 14ト17頭 亖 2251 55 戸崎圭 S ⑤⑤④ 450 人気1 一旦先頭 3/4身 362 中 345 ミッキークイー 2250 0.1	4阪 9月27日 ⑦神戸新聞 1 GⅡ 6ト15頭 亖外 2267 56 ルメール S ①①① 506 人気3 逃切る 2身 365 内 341 リアルスティー 2270 0.3	4中 9月21日 ⑤セントラ 1 GⅡ 13ト15頭 三外 2138 56 北村宏 S ②②① 532 人気6 先行粘る 3/4身 366 中 349 ミュゼエイリア 2139 0.1	5京 11月21日 ⑤アンドロ 1 オープン 11ト11頭 亖内 2006 57 ボウマン S ⑤⑤⑤ 484 人気4 漸進抜 クビ 383 中 338 トラストワン 2006 0.0	4京 10月12日 ③京都大賞 2 GⅡ 10ト10頭 亖外 2238 56 浜中 S ④⑤⑤ 504 人気2 中位伸 1 1/4 359 外 328 ラブリーデイ 2236 0.2	4東 11月1日 ⑨天皇 16 GⅠ 11ト18頭 亖 1595 58 内田博 S ⑤④④ 498 人気11 好位一杯 7身 369 中 347 ラブリーデイ 1584 1.1	4東 10月12日 ③オクトー 1 1600万 3ト12頭 亖 2258 57.5 吉田隼 S ③③③ 488 人気1 好位差切 1 3/4 385 中 334 サムソンズプラ 2261 0.3
5京 11月15日 4 エリザベ 1 牝GⅠ 12ト18頭 三外 2149 56 蛯名 M ⑨⑥⑥ 430 人気6 中位一気 クビ 380 外 347 ヌーヴォレコル 2149 0.0	5東 11月29日 ⑨ジャパン 10 GⅠ 12ト18頭 亖 2251 57 横山典 H ⑰⑮⑤ 510 人気2 追上一杯 2 1/2 381 外 345 ショウナンパン 2247 0.4	5東 11月29日 ⑨ジャパン 9 GⅠ 9ト18頭 亖 2251 57 田辺 H 7⑥⑩ 468 人気18 1角不利 2 1/4 363 内 344 ショウナンパン 2247 0.4	5京 11月15日 4 エリザベ 4 牝GⅠ 15ト18頭 三外 2150 54 戸崎圭 M 15⑮⑯ 452 人気3 後方追上 3/4身 387 外 342 マリアライト 2149 0.1	4京 10月25日 ⑦菊花 3 GⅠ 17ト18頭 亖外 3040 57 ルメール S ②④③ 506 人気1 粘強い 3/4身 357 内 353 キタサンブラッ 3039 0.1	4京 10月25日 ⑦菊花 1 GⅠ 4ト18頭 亖外 3039 57 北村宏 S ⑤⑩⑧ 530 人気5 漸進抜 クビ 366 内 350 リアルスティー 3039 0.0	5中 12月20日 ⑥ディセン 1 オープン 3ト10頭 亖内 1591 59 ボウマン H 7⑥⑥ 478 人気3 中位差切 クビ 372 中 341 スーパームーン 1591 0.0	5東 11月29日 ⑨ジャパン 5 GⅠ 10ト18頭 亖 2250 57 M.デムーロ H 7⑧⑤ 502 人気5 中位差詰 1 3/4 363 中 344 ショウナンパン 2247 0.3	5東 11月29日 ⑨ジャパン 7 GⅠ 3ト18頭 亖 2250 57 内田博 H ④④3 498 人気13 前塞る 2身 357 内 346 ショウナンパン 2247 0.3	5東 11月8日 ❷アルゼン 1 GⅡ 15ト18頭 芸 2340 56 吉田隼 S ③③③ 490 人気1 G前差す アタマ 378 中 341 メイショウカド 2340 0.0

1着⑦ゴールドアクター　（8番人気）

2着⑨サウンズオブアース（5番人気）

3着⑪キタサンブラック　（4番人気）

単⑦1700円　複⑦410円　⑨290円　⑪340円

馬連⑦ー⑨6840円　馬単⑦→⑨13780円

3連複⑦⑨⑪20360円

3連単⑦→⑨→⑪125870円

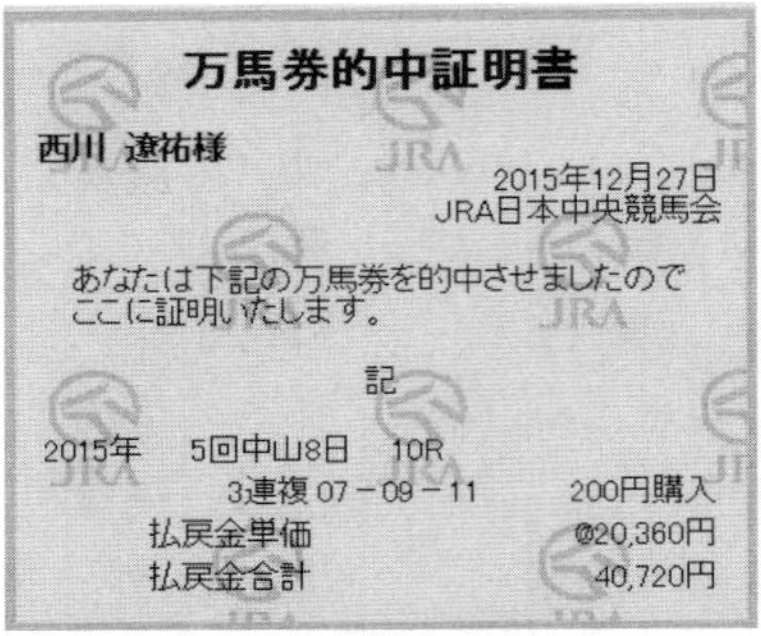
万馬券的中証明書

西川 達祐様

2015年12月27日
JRA日本中央競馬会

あなたは下記の万馬券を的中させましたので
ここに証明いたします。

記

2015年 5回中山8日 10R
3連複 07－09－11 200円購入
払戻金単価 @20,360円
払戻金合計 40,720円

15年は有馬記念3連複⑦⑨⑪20360円でしめくくり。

リアファルがいるため、そのような死んだふり戦法はリアファルに有利に働いてしまう危険性があった。

実際のところ、横山典騎手が取れるのはⅡしかないだろうとの結論に達した。

つまり、ペースはスローだが、仕掛けどころは速くなり持続力の求められるジワジワ戦になると予想。そこで持続力に秀で、鞍上、ローテともに好感の持てるサウンズオブアースを本命視した。

また相手には内枠の馬をことごとく重視。向正面からペースが引き上がり、またゴールドシップもマクってくるとなると、2周目の3～4コーナーで速いラップを踏む公算が高くなり、ここで内を回さないと大きなロスとなって最後に響くと考えたためである。

実際のレースは、予想通り横山典騎手が序盤から早々とスローに落とし、向正面の下り坂から徐々にペースを引き上げることでゴールドシップに対抗。結果的に4歳馬2頭の末脚に屈する形にはなったが、人気馬を意識した好騎乗といえる。

勝ち馬ゴールドアクターはスタート直後に先頭に立ち、その後も先団で流れに乗る吉田隼騎手の積極策が功を奏した。私の軸馬サウンズオブアースは3～4角でゴールドシップに被され、後退してきたリアファルにフタをされる苦しい競馬となったが、ここで外を回さず我慢したのが最後の伸びに繋がった。

ラップはラスト3Fで11・5―11・3―12・2となり、コーナーでかなり速いラップを踏んでいた。結果、1～5着までコーナーで内を回っていた馬が掲示板を独占。スタート直後先手を取って内に入り込んだ大外マリアライトの好走という誤算もあったが、おおむね予想通りの結果だった。

ここでは展開予想が大きくハマったといえるだろう。展開予想の際にはコース傾向だけではなく、馬の適性や騎手の心情もうまく勘案して予想したい。こうしたファクターを意識するだけでも馬券の的中へと近づくはずだ。

有馬記念

あれから5年、金脈は変わったのか

中央4場+中京を検証!

激走馬を見抜く コース新データ

塩谷 諒

青森県青森市出身。法学部第2類3年。2006年のクリスマス・イヴにウインズ津軽にて、奇しくもラストランで目にしたディープインパクト号の末脚に魅せられ、競馬に興味を持つ。地元に競馬場はなく、しばらく競馬熱は息を潜めていたが、東大ホースメンクラブでの活動を通じて再燃。現在は競馬と法律学の勉強との折り合いに専念、院試に向けて脚をためる。

2011年発刊の『現役東大生偏差値80の馬券術』（以下、前作）は、我々の先輩にあたる当時の東大ホースメンクラブのメンバーにより著されたものであり、その中で「【中央4場】の大金脈解明！」と銘打って様々なコース分析が行なわれている。

前作から5年が経過した現在、当時得られたコース分析結果がいまだに通用するものであるのか、それとも新たな傾向が生まれつつあるのかについて検証する。

また、12年春に生まれ変わった中京競馬場についても、新生からもうすぐ4年となる今、狙い目の条件とは一体何なのか、分析を試みた。

東京競馬場・芝1800、2000、1600m

【東京芝1800、2000m】

コース形態の類似性から、前作では傾向の分析に際して並んで取り上げられた2つのコース。共通の特徴としてスタートダッシュの重要性が強調されていたが、傾向の変化は見られるのか。

芝1800mから見ていきたい。以前は「内枠、前走好スタート」が基本とされた本コースだが、まず、近5年の枠順別成績を見ると**内枠有利・外枠不利の傾向は以前よりも顕**

表1●東京芝1800m枠番別成績

枠番	勝率	連対率	複勝率	単回率	複回率
1枠	10.8%	16.6%	25.5%	111%	85%
2枠	9.8%	17.3%	25.3%	63%	74%
3枠	10.2%	16.1%	22.5%	73%	62%
4枠	8.1%	17.2%	24.0%	81%	78%
5枠	5.0%	12.5%	17.5%	69%	53%
6枠	4.3%	13.1%	19.8%	29%	76%
7枠	5.8%	12.9%	21.6%	43%	69%
8枠	5.4%	11.0%	17.9%	64%	55%

2010年10月10日〜2015年6月28日

著になっていた（表1）。

4枠と5枠の間にラインを引くと、成績の差は一目瞭然である。1〜4枠まではいずれも勝率が10％前後、連対率が16、17％台と好成績であるのに対し、5枠から外は勝率、連対率とも内めの枠より明らかに落ちる。

また以前は、単勝回収率の低さが指摘されていた1枠だが、現在では唯一「買っておいて損はない」枠であり、特別戦に限定すると単勝回収率は198％と優秀な成績だ。東スポ杯2歳Sでは4年連続で1枠の馬が馬券に絡んでいるなど、重賞の舞台でも1枠有利は通用する（勝率18・2％、連対率21・2％、複勝率27・3％）。

次に、着順に与えるスタートダッシュの影響に関して見ていくことにしよう。

これは、最初のコーナー（以下、本章で「初角」）までが約160mと短いことから、ポジション取りで優位に立つため

表2●東京芝1800m前走初角別成績

前走初角	勝率	連対率	複勝率	単回率	複回率
1番手	6.7%	13.5%	20.7%	170%	122%
4番手以内	8.8%	16.1%	23.6%	88%	80%
5番手以下	6.5%	13.6%	20.7%	53%	62%
10番手以下	4.9%	11.1%	17.4%	41%	50%

2010年10月10日〜2015年6月28日

の「ダッシュ力」が本コースでは要求される、との分析に基づくものであった。

前走における初角通過順位（表2）を調べると、4番手以内につけている場合に勝率が高く、その中でもハナに立っている場合、勝率ではさほどアドバンテージがないものの、単複回収率は現在でもやはり高くなっていた。

当然ながら、脚質でいえば逃げ馬の回収率が最も高く、単勝回収率153％、複勝回収率144％という結果。前走で初角から先頭に立った馬、逃げ馬に関しては押さえておくのが得策といえよう。

それから、ジョッキーに関していえば、最も成績がよかったのは勝率21・8％、連対率35・9％の福永騎手であり、以下勝利数が最多（30勝）で勝率16・3％、連対率25・5％の北村宏騎手、勝率13・5％、連対率22・0％の横山典騎手と続く。この3人は単勝回収率が100％を上回っている。

ちなみに北村宏騎手の成績がよいことも多分に影響しているが、調教

表3●東京芝2000m枠番別成績

枠番	勝率	連対率	複勝率	単回率	複回率
1枠	9.2%	16.7%	25.4%	67%	95%
2枠	8.0%	17.1%	26.7%	73%	86%
3枠	6.0%	15.5%	26.1%	24%	97%
4枠	8.3%	15.9%	23.5%	102%	109%
5枠	8.1%	14.7%	17.8%	77%	73%
6枠	12.0%	19.4%	27.4%	98%	121%
7枠	4.7%	12.7%	19.6%	37%	45%
8枠	5.7%	11.9%	19.1%	40%	56%

2010年10月10日〜2015年6月20日

師成績では藤沢和厩舎が勝率（24・2%）、連対率（34・7%）ともに優秀だ。配当妙味からいえば、単勝回収率が219%と抜きん出ている田中勝騎手が面白い存在。

以上のことから、東京芝1800mのポイントは「**①内めの枠（特に1枠）、②ハナを切れる馬、③福永騎手に注目**」とまとめられるだろう。

芝2000mの傾向についてはどうか。前作では、こちらも「前走で好スタートの馬」に注目すべきで、「枠順で圧倒的な差は生じない」とのことであった。

確かに改めて調べてみると、枠順別成績からは、一般にイメージされるほどの有利は内枠にはなく、むしろ6枠が勝率12・0%、連対率19・4%で最も成績がよかった（表3）。

しかし、ここで気をつけたいのは「**必ずしも内枠有利ではないが一般的に外枠は不利**」ということである。6枠につい

表4●東京芝2000m前走初角別成績

前走初角	勝率	連対率	複勝率	単回率	複回率
1番手	9.3%	17.8%	23.4%	75%	86%
4番手以内	8.7%	17.4%	24.6%	78%	87%
5番手以下	7.0%	14.1%	21.8%	62%	82%
10番手以下	7.2%	13.6%	19.7%	75%	72%

2010年10月9日〜2015年6月20日

表5●東京芝2000m1、2枠馬前走初角別成績

前走初角	勝率	連対率	複勝率	単回率	複回率
1番手	21.7%	26.1%	34.8%	87%	72%
2番手以内	15.8%	24.6%	31.6%	180%	97%
3番手以下	6.9%	15.7%	25.0%	55%	94%
10番手以下	7.4%	15.5%	23.0%	87%	77%

2010年10月9日〜2015年6月20日

ても、馬番12番の成績はよいものの11番は振るっていない。**「12番を除いた6・7・8枠」の成績は「1〜5枠」の成績をいずれも下回って**おり、基本的に外めの枠は不利と捉えてよく、予想の際にはその分を割り引いて考える必要があるだろう。

次に、スタートと同時にハナを奪いに行ける力の有無に関してだが、芝1800mの場合（表2）と比べると、前走の初角通過順による回収率の差はほとんどない。一見すると芝2000mの場合には、それほど重視する必要はなさそうに思える（表4）。

したがって、ここまでの話をまとめると、芝2000mでは内枠も別に有利ではなく「ダッシュ力」も取り立てて強調する要素ではないと結論付けられそう。しかし、そう考えるのは早計だ。前

走における初角通過順位と内枠（1・2枠）との関係がそれを物語る。

表5は東京芝2000m戦の1、2枠に入った馬が、前走初角でどのような位置取りをしていたかを示す。前走2番手以内だった馬が、東京芝2000m戦で1、2枠に入った際は単勝回収率が180％、複勝回収率97％と高い値となっているのだ。

つまり、**前走で初角を2番手以内で通過した馬が内枠（1・2枠）に入った場合には好成績**を残しているということである。芝が荒れることのないポケット地点からのスタートというコースの特性上、内枠にダッシュ力のある馬が入った場合は、枠の利を活かしてレースを運べるというのが結果に反映されているのだろう。

内枠だけでも、ダッシュ力だけでも、さほど有利にはならないが、**「内枠×ダッシュ力」**に当てはまったら狙い目ということがいえそうだ。

騎手については勝率19・1％、連対率34・0％の内田騎手、勝率17・1％、連対率41・5％の戸崎騎手が成績ツートップで、いずれも単勝回収率は120％以上。戸崎騎手に関しては複勝率が50・0％、複勝回収率も120％強であるため、迷ったら押さえておくべきだろう。

結論として、東京芝2000mは**「①内枠×ダッシュ力、②戸崎騎手」**が攻略のポイントといえる。

【東京芝1600m】

前作では、「①基本的に枠による有利不利は見られないが、多頭数（特に18頭）になったときは、大外8枠が不利。②G1では内枠（1～3枠）有利」とされた舞台。

①について、地力の差が表れやすいというイメージの通り、枠番による有利不利が小さいという傾向は今も変わらず（表6）、さらにいえば「多頭数で大外不利」という例外的な傾向も以前より弱まっていた（表7、8）。全体的な傾向からは、セオリー通り府中のターフマイルで**枠番を考慮する必要性は低い**といっていい。

また、②についても「GIで内枠が有利？　全然勝っているイメージがないんだけど……」という感覚を抱いたとしたら、それは正しい違和感。実際、前作が刊行されて以降、手

表6●東京芝1600m枠番別成績

枠番	勝率	連対率	複勝率
1枠	5.0%	11.1%	16.8%
2枠	6.6%	12.4%	21.2%
3枠	6.2%	14.8%	21.9%
4枠	5.8%	12.1%	19.1%
5枠	9.5%	15.8%	21.3%
6枠	7.1%	15.9%	24.0%
7枠	5.8%	12.3%	18.6%
8枠	7.5%	13.0%	19.2%

2010年10月9日～2015年6月28日

表7●東京芝1600m8枠馬の頭数別成績（旧）

頭数	勝率	連対率	複勝率	単回率	複回率
16 頭立	5.5%	15.5%	17.3%	75%	73%
17 頭立	4.3%	10.1%	15.9%	35%	153%
18 頭立	4.2%	9.8%	13.9%	41%	65%

2005年10月8日～2010年6月13日（以前の分析）

表8●東京芝1600m8枠馬の頭数別成績（新）

頭数	勝率	連対率	複勝率	単回率	複回率
16 頭立	7.0%	12.7%	16.9%	92%	66%
17 頭立	4.8%	6.0%	8.4%	73%	27%
18 頭立	5.9%	9.6%	14.7%	103%	104%

2010年10月9日～2015年6月28日

の内を読まれてしまったのか（？）、ＧＩでの傾向は変化した。

成績的に3枠はまだ踏みとどまっているといえるにしても、1枠から勝ち馬の姿は消え、2枠も大幅に勝率・複勝率を落としている（Ｐ124表9、10）。

この結果に関しては、東京芝マイルＧＩの条件で53・3％という高い連対率を誇る1番人気馬が、5年間の対象15レースのうちで一度しか1・2枠に入っていない（唯一の条件該当馬は15年ＮＨＫマイルＣのグランシルクで5着）。このことが影響を与えているのも確かだろうが、その点を考慮してもなお、もはや「内枠有利」と見ることはできない。

しかし、ここで注目すべきは「内枠有利」でないにも関わらず、東京芝マイルＧＩでの1枠の複勝率は依然として高めのままという点である。

表9●東京芝1600mGⅠレース内枠別成績（旧）

枠番	勝率	連対率	複勝率	単回率	複回率
1枠	4.8%	16.7%	23.8%	19%	105%
2枠	11.9%	16.7%	26.2%	280%	150%
3枠	9.5%	16.7%	19.0%	66%	42%

2003年5月11日〜2010年6月6日（以前の分析）

表10●東京芝1600mGⅠレース内枠別成績（新）

枠番	勝率	連対率	複勝率	単回率	複回率
1枠	0%	10.0%	26.7%	0%	181%
2枠	3.3%	10.0%	16.7%	22%	60%
3枠	10.0%	10.0%	10.0%	71%	29%

2011年5月8日〜2015年6月7日

1枠の複勝率（26・7％）は6枠と並んでトップであり、1〜3番人気馬が1枠に入ったのは、5年間の対象15レースで三度だけと比較的少ないことも踏まえれば、人気に関わらず1枠に入った馬が複勝圏内を確保する確率が高いのだ。

事実、複勝回収率は181％という高い値を示しており、**東京芝マイルGⅠは1枠馬の複勝を押さえておくと得をする**。

また、冒頭で「多頭数で大外不利」の傾向は弱まっていると述べたが、フルゲートになることが多いGⅠに限っては、大外枠不利の傾向が続いていた。表6で示したように、全体では7・5％と2番目に高い率を残していた8枠の勝率が、GⅠでは2・2％と2番目に低いものとなっていたのである（表11）。

特に、近3年の8枠は勝率0％、連対率3・7％と惨

表11●東京芝1600mGIレース 枠番別成績

枠番	勝率	連対率	複勝率
1枠	0%	10.0%	26.7%
2枠	3.3%	10.0%	16.7%
3枠	10.0%	10.0%	10.0%
4枠	6.7%	13.3%	16.7%
5枠	10.0%	13.3%	13.3%
6枠	6.7%	10.0%	26.7%
7枠	7.1%	11.9%	11.9%
8枠	2.2%	11.1%	15.6%

2011年5月8日〜2015年6月7日

憺たる結果。初角までおよそ540mと長い直線が存在するこのコースでも、多士済々のGIでは大外枠による距離のロスが決着に反映されてしまいやすいのだろう。

ただし、15年ヴィクトリアMで圧倒的最低人気だったミナレット（18頭中18番人気、単勝291・8倍）が18番枠から3着に粘ってしまうこともあるのも、競馬の難しさではあるのだが……。

そして、ジョッキーに関していうと勝率15・7%の戸崎騎手や、連対率25・7%の横山典騎手がこの舞台の主役といえる。両騎手ともマイルGIの大舞台でも結果を残しており、ヴィクトリアMでストレイトガールを悲願のGI初制覇に導いた姿や、クラリティスカイを3歳マイルチャンピオンの座に輝かせた姿は記憶に新しい。

全体を総括すると、東京芝1600mについては次のようなことがいえる。「①一般的には**枠番の有利不利は小さく多頭数でも無視してよい、②GI限定で1枠の複勝は妙味あ**

り・8枠は基本的に消しor大幅に割引、③戸崎・横山典騎手に注目」ということだ。

中山競馬場・芝1800、2000m

中山競馬場で行なわれる全22の芝重賞（障害競走を除く）のうち、計9つの重賞が施行される中山内回り、芝中距離の2つのコースを取り上げる。

未来の三冠馬も、このカテゴリーを舞台とする皐月賞を制さぬことには始まらない。まずは脚質から。1800、2000mともに逃げ・先行馬が有利である（表12、13）。

両コースともスタート後まもなく中山の誇る急坂に差しかかるため、スタート直後のペースが速くなることは少なく、小回りで4つのコーナーを回らされ、直線も短いという特徴がゆえの傾向だろう。

芝2000mで逃げ馬の成績が落ちるのは初角までの距離が長く、坂を上りつつのハナ争いで消耗する逃げ馬が出てくるからだろうか。**芝1800mでは逃げ脚質、芝2000mでは逃げまたは先行脚質を狙うのがセオリー**だろう。

次に枠順についても見ていくことにしよう。前作では「意外にも内枠有利は開幕週だけ」とされたのが芝1800m戦。しかし現在、全体としては**内枠（1〜3枠）有利の傾向に**

表12●中山芝1800m脚質別成績

脚質	勝率	連対率	複勝率	単回率	複回率
逃げ	14.0%	26.9%	38.0%	192%	150%
先行	12.7%	25.2%	36.3%	82%	103%
中団	6.1%	13.4%	20.5%	53%	81%
後方	2.2%	3.6%	7.1%	16%	19%
マクリ	13.0%	26.1%	26.1%	144%	70%

2010年12月5日～2015年9月21日

表13●中山芝2000m脚質別成績

脚質	勝率	連対率	複勝率	単回率	複回率
逃げ	12.3%	20.1%	28.8%	106%	107%
先行	11.9%	25.7%	34.8%	77%	102%
中団	6.1%	11.7%	19.7%	53%	58%
後方	1.8%	3.9%	6.5%	27%	27%
マクリ	9.8%	19.5%	31.7%	40%	180%

2010年12月4日～2015年9月21日

戻っていることがわかる（P128表14）。

初角までの距離が約200mと、東京芝1800mほどではないが短いうえ、前述の通り直線も短くコーナーを4回も通過する形態である以上、外を回らされると距離的不利が大きい。そのため「内枠有利」はある種必然で、当たり前の傾向に戻っただけと評価できるだろう。

若干気になったのが、以前の分析で「この場合だけは内枠有利」とされていた開幕週が、現在では反対に内枠不利の傾向を示している点だ。

芝状態が最も良好な開幕週は内外の馬場状態の差がなく、距離のアドバンテージが反映されやすいため一般に内枠有利とされるはず。内枠不利の傾向が現れるのはなぜかと疑問を持ったが、どうやら近年の開幕週における上位人気馬の枠順による影響が大きそうだということがわかった（表15、16）。

中山芝1800mは上位人気（1～3番人気）が平均以上の成績を残す（信頼度がある）というデータのあるコースだが、開幕週の1～3番人気の枠番データを見ると、これら上位人気馬が内枠（1・2枠）に入った回数は極端に少ない。

これを踏まえて開幕週の全頭のデータを見ると3・4枠は5～8枠に比べて勝率・連対率とも高く、3～8枠には上位人気馬がほぼ均等に入っていることを考慮

表14●中山芝1800m 枠番別成績

枠番	勝率	連対率	複勝率
1枠	8.2%	17.3%	26.9%
2枠	7.4%	18.7%	25.7%
3枠	9.9%	15.6%	22.9%
4枠	7.0%	13.3%	18.6%
5枠	7.4%	13.8%	22.6%
6枠	7.1%	14.1%	19.9%
7枠	6.6%	13.4%	20.6%
8枠	6.5%	14.8%	23.4%

2010年12月5日～2015年9月21日

表15●中山芝1800m開幕週 枠番別成績

枠番	勝率	連対率	複勝率
1枠	0.0%	10.4%	16.7%
2枠	5.7%	22.6%	26.4%
3枠	13.8%	17.2%	34.5%
4枠	13.8%	20.0%	24.6%
5枠	8.8%	14.7%	22.1%
6枠	4.2%	11.1%	13.9%
7枠	8.0%	12.0%	20.0%
8枠	6.4%	16.7%	28.2%

2010年12月5日～2015年9月13日

表16●中山芝1800m開幕週（1～3番人気）枠番別成績

枠番	着別度数	勝率	連対率	複勝率
1枠	0- 1- 3- 2/6	0%	16.7%	66.7%
2枠	1- 3- 0- 2/6	16.7%	66.7%	66.7%
3枠	5- 1- 7- 4/17	29.4%	35.3%	76.5%
4枠	6- 2- 3- 6/17	35.3%	47.1%	64.7%
5枠	6- 3- 3- 8/20	30.0%	45.0%	60.0%
6枠	2- 3- 2- 9/16	12.5%	31.3%	43.8%
7枠	4- 2- 2- 9/17	23.5%	35.3%	47.1%
8枠	3- 5- 3-10/21	14.3%	38.1%	52.4%

2010年12月5日～2015年9月13日

表17●中山芝2000m枠番別成績

枠番	勝率	連対率	複勝率	単回率	複回率
1枠	5.9%	12.8%	19.9%	35%	46%
2枠	6.2%	15.9%	23.5%	39%	73%
3枠	5.4%	11.4%	19.3%	35%	51%
4枠	7.9%	14.5%	22.7%	49%	82%
5枠	7.4%	14.7%	23.2%	66%	60%
6枠	8.1%	14.1%	19.6%	82%	71%
7枠	7.9%	13.7%	18.7%	57%	66%
8枠	5.7%	12.7%	18.4%	69%	70%

2010年12月4日～2015年9月21日

すれば、やはり内めの枠のほうが有利という傾向は開幕週でも変わらない。**芝1800mはやはり内枠有利なのだ。**

それでは芝2000mでも内枠有利は変わらないのか。2000m距離が延びて少し意外な結果が出た（表17）。

2枠は健闘しているものの、内枠の有利はなくなったといえ、むしろ若干だが中・外枠

（4〜7枠）が好成績。開幕週でもこの傾向は大きく変わらなかった。スタートから初角までの距離が、芝1800m戦と比較すると、200m分そのまま延びて約400mと長めになったことが影響している。スタートしてから初角までの距離の長さにより、ポジション取りにおける内枠の優位性が薄れて、枠の有利不利がなくなったのだろう。

いずれにせよ、最内枠が大外枠と同水準の成績しか残せていないところを見ると、2000mでは**内枠有利は通用しない**。単複の回収率から見ても、内枠を進んで狙うのは避けたいところである。

最後に、種牡馬傾向を少しだけ入れておこう。勝ち数1位と2位は、予想された通りだが両コースでディープインパクト、キングカメハメハ産駒が顔を出す。

特注種牡馬を挙げると、芝1800mでは上記2頭と遜色のない勝率（13・8％）、連対率（17・2％）を残している勝ち数3位、**ネオユニヴァース**がオススメ。

また、出走数は少なめだが単複の回収率が約200％の**チチカステナンゴ**も面白い存在だ。稍重・重・不良の馬場なら勝率23・1％、連対率30・8％の**マンハッタンカフェ**も狙い目である。

芝2000mでは、トップ2頭を連対率（23・2％）、複勝率（37・7％）で上回った勝ち数3位のハーツクライが筆頭だ。同馬の産駒は馬場が稍重・重・不良になっても成績が崩れない。

一方、ディープインパクト産駒は芝1800mと異なり、芝2000mの稍重・重・不良馬場では勝率3・1％、連対率9・4％とサッパリであるから、良馬場以外は消しで良いだろう。皐月賞の馬場状態には注目だ。

以上をまとめると、中山芝1800mは「内枠（1〜3枠）、逃げ馬、ネオユニ産駒」、中山芝2000mは「内枠の有利なし、逃げ・先行馬、ハーツ産駒」ということになる。

京都競馬場・芝1200m

前作の分析で大まかには、後述するような「3角にある上り坂の影響でテンのタイムはあまり速くはならず、下り坂でスピードに乗れる逃げ馬有利。加えて距離ロスのない内枠有利」という推論に沿った結果が出た京都芝1200mの舞台。

今回調べた結果も、従前の予測におおむね合致したものだった。これだけでは特別面白くもなんともないが、前作でも儲かるレースとして紹介されていた京都芝1200mは、

表18●京都芝1200m脚質別成績

脚質	勝率	連対率	複勝率	単回率	複回率
逃げ	22.2%	39.2%	53.2%	280%	215%
先行	11.6%	23.6%	33.2%	120%	123%
中団	5.2%	10.5%	17.2%	83%	72%
後方	1.7%	4.0%	7.5%	20%	50%
マクリ	0%	0%	0%	0%	0%

2010年10月9日〜2015年5月31日

さらにその「オイシサ」を増していた。

まずは、前作の推論に則って「うまみ成分」を順に見ていきたい。以前と同様、脚質的には逃げが圧倒的に有利である（表18）。

初角にある上り坂のおかげで「テンは速くなりにくく、下りでスピードに乗れる」という逃げ馬にとっての利点がある。それに加え、内回りということでカーブがキツく直線が短いため、「コーナーから仕掛けなければならない一方、外に振られないよう加速するのは至難の業」という、差し馬にとっての不利もあることが「逃げ馬天国」を演出しているのだろう。

目を見張るのはその回収率の高さで、前回既に高水準だったところから単勝回収率はさらに30ポイント近く上昇し（280％）、複勝回収率も200％の大台を優に超えた（215％）。さらに注目したいのが柵の移動による影響だ（表19、20）。

京都競馬場では、移動柵の内外への移動で最大10mの差が生まれる。内ラチがコースの最も内側に設けられるのがAコース、内ラチをそこ

表19●京都芝1200mAコース脚質別成績

脚質	勝率	連対率	複勝率	単回率	複回率
逃げ	36.2%	55.3%	70.2%	535%	276%
先行	11.0%	25.6%	34.1%	198%	111%
中団	4.5%	8.3%	16.6%	64%	81%
後方	0%	1.9%	4.3%	0%	45%

マクリは省略。2010年10月9日～2015年1月12日

表20●京都芝1200mDコース脚質別成績

脚質	勝率	連対率	複勝率	単回率	複回率
逃げ	17.1%	37.1%	45.7%	147%	170%
先行	11.7%	22.7%	35.2%	97%	161%
中団	6.1%	12.2%	17.2%	190%	82%
後方	1.9%	3.7%	8.6%	14%	53%

マクリは省略。2011年7月2日～2015年5月31日

から4m外側に移動させたコースがBコース、さらに3m外側に移動させるとCコース、そこからもう3m外側に移したのがDコース。普段は意識しないだろうが、**Aコースは相対的に「小回り」となり、Dコースは「大回り」**になる。

表19を見てわかるように、カーブの角度が最もキツく加速すると外に振られやすい（＝差し馬に最も不利な）Aコースは逃げ馬の独壇場となっており、単勝回収率も535％と驚異的な数字を弾き出している。

対して、カーブが幾分緩くなったDコース（表20）では、逃げ有利の傾向自体は変わらないものの、表中の中団・後方の成績から、差し馬の届く確率が上がっていることがわかった。単勝回収率からいえば、Dコースでは逃げ馬よりも差し馬を

表21●京都芝1200m前走4角別成績

前走4角	勝率	連対率	複勝率	単回率	複回率
1番手	12.7%	20.8%	30.7%	136%	117%
2番手	9.4%	16.9%	24.0%	98%	79%
3番手	8.2%	19.0%	28.0%	71%	109%
4番手以下	5.0%	10.8%	16.6%	82%	85%

2010年10月9日〜2015年5月31日

狙ったほうがよいという結果すら出ているのだ。

もっとも、あくまで京都芝1200mは断然、逃げ有利であって、差し馬を狙ってみて得をするのはDコースだけという点には注意が必要。肝心な逃げ馬の見つけ方としては、前作で指摘されたように前走の4角通過順位がキモになるだろう（表21）。

この通過順位で前にいればいるほど勝率は高くなっており、回収率の高さからいっても前走の4角を1番手で通過している馬を狙っていくのが基本線となる。

枠順を見てみると内枠（1~3枠）有利の傾向がハッキリ出ているが、内枠に注目すると面白い傾向も同時に見て取れた（表22）。

内枠は内枠でも、オイシイのは1枠ではなく2枠ということだ。

平均単勝オッズを見ると、全体で単勝が最も売れているのは1枠。しかし1枠の勝率は内枠（1~3枠）の中でワースト。トップの2枠とは3ポイントほどの差がある。

一方、2枠は勝率トップでありながら平均単勝人気は3番目。勝率の

表22●京都芝1200m枠番別成績

枠番	勝率	連対率	複勝率	単回率	複回率	平均単勝オッズ
1枠	7.2%	19.0%	27.0%	66%	104%	53.9
2枠	10.1%	15.9%	23.6%	240%	134%	56.2
3枠	8.8%	16.5%	22.8%	74%	95%	55.4
4枠	6.4%	13.1%	20.5%	119%	126%	58.9
5枠	5.0%	12.8%	19.5%	60%	70%	57.1
6枠	5.6%	10.8%	19.0%	29%	77%	63.2
7枠	5.9%	12.5%	17.8%	34%	52%	61.6
8枠	6.1%	10.1%	15.9%	87%	59%	69.1

2010年10月9日～2015年5月31日

高さと単勝人気の落ち着きが240%という高い回収率を呼んでいるのだ。単純に内枠と覚えるのではなく**淀の短距離は2枠が狙い**と覚えておきたい。

以上が前作の予測からの現在の帰結であった。次に馬体重の観点から、京都芝1200mを分析してみたい。

4大主場では東京と並んで「軽い」とされる京都の芝。他の距離に比べればタイムの開きが少ないとされる芝1200mだが、この時計を見ても、他の芝1200m戦の平均タイムが1分10秒3に対して、京都の平均は1分9秒7と0・6秒もの差がある。

この平均タイムは、芝1200mのレースが施行される9場の中で最速だった（いずれも10年10月～15年10月の平均）。

また、京都芝1200mの舞台には向正面の中間あたりから上りになり4角にかけて下っていく坂が、最初のコー

表23●芝1200m馬体重別成績（除く京都芝1200m）

馬体重（キロ）	勝率	連対率	複勝率	単回率	複回率
419以下	3.9%	7.7%	12.1%	44%	50%
420〜459	5.7%	12.1%	18.8%	71%	79%
460〜499	8.0%	15.5%	22.7%	80%	79%
500以上	8.1%	14.6%	21.5%	79%	76%

2010年10月2日〜2015年9月21日

表24●京都芝1200m馬体重別成績

馬体重（キロ）	勝率	連対率	複勝率	単回率	複回率	平均単勝オッズ
419以下	1.8%	8.9%	13.4%	8%	86%	115.5
420〜459	7.0%	14.2%	20.3%	105%	92%	66.3
460〜499	7.2%	13.8%	21.4%	65%	76%	51.2
500以上	6.3%	12.5%	19.4%	135%	114%	55.5

2010年10月9日〜2015年5月31日

ナーである3角に存在する。直線は平坦とはいえ長いわけではなく、同じく軽い芝といわれる平坦コースの小倉芝1200mに比べても坂のある京都のほうが速いタイムを出しているという事実は、この「軽さ」の証明ともなりそうだ。

さて、短距離戦は筋肉量が豊富なパワータイプの馬が有利とされる。そうなると必然的に、小型馬よりは大型馬のほうが短距離には向いているという推測が成り立つだろう。

しかし、短距離であっても芝が軽いならパワーの必要性は他場に比べて低いはず。それならば、この舞台では、大型馬よりパワーで劣るとされる小型馬でも活躍の見込みがあるのか。

調べてみると、当たらずとも遠からずという結果が出た（表23、24）。

芝1200mのレースが施行される9場の平均を見るとやはり、一般にいわれるように短距離戦ではパワータイプの大型馬が強い傾向にあるのがわかる。

しかし、京都芝1200mでは若干、趣きを異にしていた。注目すべきは、京都では420～459キロの馬の成績が、460～499キロの馬の成績と拮抗しており、500キロ以上の馬の成績を上回っている点だ。

単勝人気に関しても、460～499キロの馬は、420～459キロの馬と成績がさほど変わらないのに、平均単勝オッズが不相応に低くなっている。

以上の結果から、京都芝1200mについては「**無理に小型馬から狙う必要はないが、小型馬だからと嫌う必要はもっとない!!**」という帰結が導けると思う。馬券的妙味は、大きめの馬よりは小さめの馬のほうにあるのだ。

種牡馬についても、最後に少しだけふれておこう。勝ち星トップ（15勝）は**サクラバクシンオー**、勝率（13・9%）、連対率（18・1%）、複勝率（25・0%）のトップは**フジキセキ**であった。どちらの馬の産駒も活躍する姿を見かける回数は減っていくことになるが、現役産駒が走り続けるうちは恩恵に与りたいもの。

その他で目立つところは、単勝回収率131％のクロフネ、高い連対率を誇るアドマイヤムーン（25・5％）、ファルブラヴ（25・7％）が推奨種牡馬となる。

以上をまとめると、京都芝1200ｍは**「逃げ馬天国（Dコースは差し推奨）、2枠絶好、小型馬にもチャンスあり」**といった点が攻略のポイント。回収率で見ると様々な項目で突出した数値が記録されている「儲かる」コースであるため、傾向をよく押さえて勝負に備えたい。

阪神競馬場・芝1200、1400ｍ

阪神内回りの短距離戦という点で共通する2つの舞台。向正面の途中からスタートする1200ｍ戦と、そこから200ｍ先、2角奥のポケット地点からの発走となる1400ｍ戦とでは、意外に様々な点で傾向が異なっている。

また、「ディープの庭」と評されるコースが多い阪神芝コースではあるが、この2つの舞台は**ディープインパクト産駒の庭ではない**のも最大の特徴。阪神芝コースにしては「とりあえずディープ産駒」が利かないのだ。

まずは脚質から見ていくことにしよう。内回りは直線が短いために、コーナーから仕掛

表25●阪神芝1200m脚質別成績

脚質	勝率	連対率	複勝率	単回率	複回率
逃げ	24.1%	33.9%	45.5%	281%	140%
先行	10.3%	24.0%	33.0%	61%	87%
中団	6.3%	12.3%	21.3%	63%	110%
後方	2.1%	4.9%	8.0%	28%	34%

マクリは省略。2010年12年12日～2015年9月20日

表26●阪神芝1400m脚質別成績

脚質	勝率	連対率	複勝率	単回率	複回率
逃げ	22.6%	34.2%	41.2%	301%	221%
先行	9.5%	19.3%	28.7%	96%	99%
中団	5.7%	12.5%	20.1%	76%	91%
後方	2.0%	4.6%	7.6%	15%	30%
マクリ	0%	0%	100.0%	0%	270%

2010年12月4日～2015年9月21日

ける必要がある差し馬にとっては有利にならない。その分、逃げ・先行型の馬に分があるのは簡単に想像がつく。実際、芝1200m、1400mとも逃げ馬の成績が優秀である（表25、26）。

だが、ここで注目したいのは阪神芝1200mの差し馬（中団）の成績である。2010年10月～15年10月の芝1200mの差し脚質平均成績が勝率5・4%、連対率11・1%、複勝率17・9%であることに鑑みれば、確かに他場の芝1200m戦よりは差しが決まりやすいコースといえるはず。

前走の上がり3Fが1位であった馬の勝率や、**2位であった馬の連対率が阪神芝1200**mで高い水準であることも、この傾向を補強す

表27●阪神芝1200m 前走上がり3F順位別成績

前走上がり順位	勝率	連対率	複勝率	単回率	複回率
3F1位	13.9%	18.8%	27.7%	98%	78%
3F2位	9.2%	21.4%	25.5%	45%	111%
3F3位	9.3%	19.8%	27.9%	95%	78%

2010年12月12日～2015年9月20日

表28●阪神芝1200mBコース脚質別成績

脚質	勝率	連対率	複勝率	単回率	複回率
逃げ	18.0%	24.0%	40.0%	89%	85%
先行	10.7%	23.2%	33.9%	72%	104%
中団	7.7%	14.3%	22.8%	72%	118%
後方	1.4%	5.6%	7.0%	20%	26%

2011年4月16日～2015年6月28日

る証拠となりそうだ（表27）。

とはいえ、表25からもわかるように基本的に逃げ馬が強いことには抗いようもない。そこで、阪神芝1200mで差し馬を買うべきタイミングを探ることにしよう。

ひとつには、セオリー通り開催後半を狙うという手がある。開催7～9日目の差し馬は勝率6・9%、連対率15・3%、複勝率21・5%という成績で、連対率の点で全体を通しての成績（表25）を3ポイント上回っていた。開催後半は、通常より差し馬絡みの連を狙いやすいというのは確かだ。

もう1点挙げるとするならば、コーナーのカーブ角度が相対的に緩やかになるBコースでのレース施行時を推したい（表28）。

表29●阪神芝1200m枠番別成績

枠番	勝率	連対率	複勝率	単回率	複回率
1枠	6.3%	13.8%	21.9%	40%	67%
2枠	7.5%	13.3%	22.5%	37%	77%
3枠	6.6%	12.6%	19.1%	73%	84%
4枠	5.3%	12.6%	19.5%	44%	87%
5枠	11.4%	19.9%	27.4%	106%	82%
6枠	7.6%	13.7%	20.9%	38%	53%
7枠	7.0%	14.5%	20.6%	132%	113%
8枠	6.1%	15.0%	22.4%	57%	90%

2010年12月12日〜2015年9月20日

表30●阪神芝1400m枠番別成績

枠番	勝率	連対率	複勝率	単回率	複回率
1枠	7.7%	15.4%	21.9%	104%	91%
2枠	7.7%	14.2%	22.8%	61%	89%
3枠	6.1%	12.6%	20.5%	67%	96%
4枠	7.6%	15.2%	21.7%	67%	91%
5枠	5.7%	13.8%	19.7%	49%	83%
6枠	6.1%	11.6%	17.9%	76%	77%
7枠	5.5%	11.5%	18.3%	43%	62%
8枠	6.9%	12.6%	18.0%	144%	86%

2010年12月4日〜2015年9月21日

Aコースでの施行時は、逃げ馬が勝率29・0％、連対率41・9％、複勝率50・0％というように、鬼のような強さを誇っているが、内ラチを3m外側に設けるBコースでの施行時は、逃げ馬が鳴りを潜める。代わりに差し馬の勝率、連対率が大幅に上昇。

このように、柵の移動で逃げと差しの有利不利が大きく左右されるため、阪神芝1200mでは、脚質を考えて予想を立てる際に、

当該レースがどちらのコースで施行されるかをよく確認することが肝要となる。

枠についてはどうか。最初のコーナーまでが約260mと短い1200mでは、内枠が有利。約460mと長くなる1400mでは、距離が長い分だけ内枠の有利が薄れる……と考えていたが、どうやらそうでもなさそうだ（表29、30）。

芝1200mでは5枠の成績が抜群によい。さらに、一般的な競馬ファンがイメージするような内枠有利の傾向は見られないばかりか、1～4枠と5～8枠とでは後者のほうが実は成績がよいことがわかる。

阪神芝1200m戦においては、真ん中から外の枠のほうが有利なのだ。この舞台は比較的差しが決まりやすいということとも関連性があるのだろう。実際に5～8枠に入った差し馬は勝率も含めて好成績であるが、1～4枠の差し馬は連に絡む確率も落ちる。

差し馬を買うタイミングとしても、差し馬の勝率が10％前後ある6、7枠を始め、外めの枠（6～8枠）に入ったときが「買い」だ。

対照的に、芝1400mは全体として真ん中から内の枠の成績が高い傾向にある（表30）。こちらの舞台は芝1200mと異なり、データを見ると特に差し優勢ということはないため、距離ロスの少ない内枠を引いた逃げ・先行馬のほうが順当に強い傾向にあるというこ

表31●阪神芝1400m開催1・2日目 枠番別成績

枠番	勝率	連対率	複勝率	単回率	複回率	平均単勝オッズ
1枠	12.8%	24.4%	30.8%	191%	159%	59.4
2枠	8.1%	15.1%	25.6%	43%	103%	57.6
3枠	6.6%	13.2%	20.9%	30%	119%	45.1
4枠	9.5%	14.7%	20.0%	99%	90%	62.5
5枠	2.1%	10.3%	17.5%	42%	89%	77.2
6枠	5.0%	12.0%	17.0%	110%	80%	79.4
7枠	6.1%	12.3%	16.7%	38%	48%	75.9
8枠	5.9%	10.1%	19.3%	297%	124%	66.5

2010年12月4日～2015年9月12日

とだろう。

また、芝1400mでは最内枠の強さが際立つ条件が2つある。ひとつは、やはり芝が荒れていない開幕週である（表31）。1枠が断トツの成績を残しており、回収率も優秀。内枠の中では、1枠の平均単勝オッズが高いことからもわかるように、しばしば人気薄の1枠の馬が穴をあけているのだ。

また、開幕週の1枠に入った馬の脚質別成績を見ると勝率16・7％、連対率33・3％、複勝率41・7％と差しがよく届いている。最内の差し馬ということで嫌われがちなのか、逃げ・先行馬に比べて平均単勝オッズも高めになっており、これが355％という高い単勝回収率を生んでいるといっていい。

開幕週の芝1400m戦は1枠の差し馬を食わず嫌いすべきでなく、むしろ積極的に狙うべきだ。

表32●阪神芝1400mAコース枠番別成績

枠番	勝率	連対率	複勝率	単回率	複回率
1枠	10.2%	20.5%	27.7%	148%	126%
2枠	8.3%	16.6%	24.9%	53%	75%
3枠	6.3%	13.0%	19.8%	37%	84%
4枠	8.0%	15.1%	18.6%	64%	63%
5枠	4.3%	12.8%	21.3%	36%	109%
6枠	7.4%	13.8%	21.2%	74%	98%
7枠	4.9%	10.1%	16.6%	36%	63%
8枠	6.3%	9.8%	16.4%	179%	91%

2010年12月4日～2015年9月21日

もう1点、1枠が強い条件がAコースでのレース施行時である（表32）。

こちらも、1枠が好成績を残しているわりに過剰人気になっているということもなく、狙い目の条件だ。

ただ、開幕週のパターンとは若干異なり、Aコースを使用する際に1枠に入った馬の脚質別成績を見ると、差しもまったく届かないわけではないが、基本的には先行馬が中心。**Aコース使用時の芝1400mは、1枠の先行できる馬から**買おう。

最後に種牡馬成績から狙い目をピックアップしたい。芝1200mで最多の勝ち星を挙げていたのはサクラバクシンオー産駒。しかし、率そのものはそれほど高くない。

出走頭数はバクシンオー産駒の3分の1以下と、それほど多くないながらも高い率を残しているのが**勝ち数2位のアド**

マイヤムーン産駒（勝率17・9％、連対率28・2％、複勝率35・9％）と、**勝ち数4位のマイネルラヴ産駒**（勝率16・1％、連対率25・8％、複勝率35・5％）である。回収率と出走頭数を考えると、この舞台ではこれら2頭が特注の種牡馬。また、近3年で成績を伸ばしているスウェプトオーヴァーボード産駒にも注目したい。

芝1400mでは、勝ち数最多がディープインパクト産駒で連対率も22・9％と高い。しかし、勝率自体は他馬の後塵を拝しており、阪神の外回りや中距離コースのように一強ムードといった様子はない。

この距離でもサクラバクシンオー産駒は勝ち数2位と強さを見せており、芝1200mと異なり11・2％と勝率も高い値を示す。近5年のスパンで見ると他の種牡馬の産駒成績は大差がないため、条件を近3年に限ると、バクシンオー産駒と互角の好成績を残しており、**単勝回収率が200％を超えているのがタニノギムレット産駒**。

また、出走頭数は若干少なめだがチチカステナンゴ産駒が近3年で勝率18・5％、連対率22・2％、複勝率37・0％、単勝回収率404％と大活躍している舞台でもあった。

少々、購入するポイントが細かくて複雑になるが、まとめると**阪神芝1200mは「逃げ有利（開催7～9日目とBコースの差しは買い）、5枠絶好、アドマイヤムーン産駒」**、阪神芝1400mは「逃げ有利、真ん中から内の枠（開幕週とAコースは1枠絶好）、バクシンオー産駒」ということになる。

中京競馬場・芝2000、ダート1800m

【中京芝2000m】

金鯱賞や愛知杯、中日新聞杯が行なわれる舞台であり、芝1400mと並んで多くのレースが施行される条件だ。現在の中京芝でレースが設定されている中では、距離が長いほうでもあり、その分、リニューアル後の中京の特徴が顕著に現れるコースといえる。

中京芝2000mはホームストレッチにある急坂の途中から発走し、向正面の途中まで緩やかな上り坂が続く。そこから、スパイラルカーブになっている3～4角を越えて直線に向くまで下り坂が続き、下りが終わると中山競馬場の坂にも負けないほどの急勾配の上り坂が直線に待ち構えている。

また、直線は410m強と長めで、この急坂を越えて終わりではなく、ゴールはそこから240mほど先だ。字面だけでも、評判通りのタフなコースという印象を受ける。

走破時計も、このコースの厳しさを物語る。他場で行なわれた2010年10月～15年10

表33●中京芝2000m脚質別成績

脚質	勝率	連対率	複勝率	単回率	複回率
逃げ	13.8%	18.6%	26.9%	194%	117%
先行	8.0%	17.3%	25.9%	65%	118%
中団	7.7%	15.5%	23.4%	77%	92%
後方	1.7%	4.5%	6.8%	10%	28%
マクリ	6.7%	13.3%	20.0%	42%	36%

2012年3月3日〜2015年7月26日

月の芝2000mの時計を調べてみると、中京以外の平均タイムが2分2秒8であるのに対し、中京の平均は2分5秒0だった。

これは、中京よりも傾斜のキツイ急坂があり、コース高低差が全場最大で重い芝でもあるとされる中山（2分3秒6）や、洋芝の札幌（2分3秒1）、函館（2分4秒1）と比べても明らかに時計がかかっているのだ。

上り坂により前半のペースが遅くなりがちであることも影響しているのだろうが、よく指摘されるように、中京の芝が重いこともタイムを遅くしている一因だろう。

小回り・平坦・短い直線という、かつての面影が完全になくなると同時に、**好走する馬の脚質にも大きな変化が起きた**。「逃げ馬有利」の傾向は消え、**「差し馬有利」が顕著なコース**となったのである（表33）。

通常、脚質別集計では逃げ・先行の成績が高く出がち。その中で表33のような成績を差し（中団）脚質が残すことができているのは珍しい。しかし、この傾向は良馬場での結果に支えられているものである

表34●中京芝2000m良馬場脚質別成績

脚質	勝率	連対率	複勝率	単回率	複回率
逃げ	10.9%	14.5%	22.7%	173%	92%
先行	7.3%	16.9%	25.6%	62%	115%
中団	8.6%	16.4%	24.4%	94%	100%
後方	1.5%	4.2%	6.3%	8%	29%
マクリ	7.1%	14.3%	14.3%	45%	27%

2012年3月3日〜2015年7月26日

表35●中京芝2000m稍重・重・不良馬場脚質別成績

脚質	勝率	連対率	複勝率	単回率	複回率
逃げ	22.9%	31.4%	40.0%	259%	196%
先行	10.0%	18.3%	26.7%	75%	127%
中団	5.0%	12.4%	20.4%	22%	65%
後方	2.1%	5.5%	8.3%	16%	25%
マクリ	0%	0%	100.0%	0%	160%

2012年3月3日〜2015年7月26日

ことに注意が必要である。

つまり、稍重・重・不良馬場では差し有利の傾向はなくなるというわけだ（表34、35）。

スタートからバックストレッチの途中までが上りであるため、スローペースになることも多いのに、良馬場で差しが決まりやすいコースであるのは、①緩やかな下り坂とスパイラルカーブ、②急坂、③長めの直線が原因と考えられる。

①3角が緩いカーブ、4角がキツいカーブとなっているため、向正面からの下りでスピードに乗った差し馬が減速することなくコーナー、ホームストレッチに進入でき、②直線に向いてまもなくの急坂

表36●中京芝2000m前走距離別成績

前走距離	勝率	連対率	複勝率	単回率	複回率
同距離	7.5%	14.1%	21.3%	82%	77%
今回延長	4.7%	11.1%	15.8%	50%	70%
今回短縮	9.6%	16.2%	26.1%	73%	134%
500m 以上延長	0.7%	4.9%	8.3%	15%	89%
500m 以上短縮	10.0%	10.0%	16.0%	108%	61%

2012年3月3日〜2015年7月26日

で先行勢の脚が止まり、③坂を駆け上がった後も直線が続くため、バテた逃げ・先行馬を差し切りやすいということだ。

一方で、芝も重くタフなコースであることに変わりはないため、馬場が渋ると差し馬も含めて全馬の脚が坂で止まり、前が残るという結果になりやすいのだろう。

以上をまとめると、**「良馬場ならば差し有利、馬場渋化で逃げ・先行有利」**というのが中京芝2000mの傾向といえる。

また、タフと評される所以はここにもあるのだろうが、中京は差し有利といっても単純な瞬発力勝負ではなく、**「長くいい脚を使える馬・スピードを持続できる馬」**が強いといわれる。前走距離別成績からも、中京芝2000mは持久力勝負に強い馬に向くという傾向が垣間見えるのだ（表36）。

前走距離を調べると、同距離組の成績が最もよく距離延長・短縮組の成績がそこからやや落ちるというのが、他の条件でだいたい見られる傾向。しかし、中京芝2000mに関しては、**今回距離延長組の成**

表37●中京芝2000m重賞前走距離別成績

前走距離	着別度数	勝率	連対率	複勝率	単回率	複回率
同距離	0-5-1-52/58	0.0%	8.6%	10.3%	0%	38%
今回延長	3-3-4-40/50	6.0%	12.0%	20.0%	117%	115%
今回短縮	7-2-5-46/60	11.7%	15.0%	23.3%	137%	69%

2012年3月3日～2015年7月26日

績が圧倒的に悪く、今回距離短縮組の成績が格段によい。

この短縮組＞同距離組＞延長組の傾向は、馬場状態の変化にも左右されない。やはり、中京芝の中距離ではスピードよりもスタミナがより重要な要素ということができそうである。

ひとつ注意したいのは、重賞に限ると、距離延長組が同距離組を逆転し、短縮組＞延長組＞同距離組の序列になるということだ（表37）。もっとも、サンプル数が少なく、同距離組が重賞でここまで結果を出せていないのは偶然とも考えられる。

少々、オカルト的ではあるが、現状のトレンドは記憶に留めておくと得をするかもしれない。だが、ここでも今回距離短縮組が有利という点は変わっておらず、中京芝2000mに関しては、現時点で絶対的ともいえる傾向だ。

次に中京芝2000mが得意な騎手は誰かを探っていくことにしよう。

勝ち数最多は浜中騎手。勝率（18・8％）、連対率（25・0％）、複勝率（39・6％）も申し分ない成績だ。

しかし、この成績を率ベースで上回るのが勝ち数2位の武豊騎手であり、勝率21・1％、連対率36・8％、複勝率50・0％と本領を発揮。

また、武豊騎手に迫る勢いなのが勝率19・4％、連対率33・3％、複勝率44・4％で勝ち数3位タイの川田騎手である。この舞台では、この3人が率の面で群を抜いており、軸に困ったら優先して考慮すべきジョッキーといっていい。

馬券の妙味という観点で気になったのが藤懸騎手。人気薄の馬を何度も馬券圏内に持って来ていて、単勝回収率296％、複勝回収率230％という驚異の数字を叩き出している。この舞台で穴をあけることにおいて彼の右に出る者はいないため、二ケタ人気馬に騎乗していても藤懸騎手の馬は押さえておくべきだろう。

結論として、中京芝2000mは**「良馬場の差し馬、稍重・重・不良馬場の逃げ・先行馬、距離短縮組、浜中・武豊・川田騎手、穴馬の藤懸騎手」**が買い要素になる。

特に今回距離短縮組の強さは絶対的であるから、前走距離の確認は怠らないようにしたい。ちなみに枠については、これといった有利不利の傾向は見られなかった。

ここまでは主に各場のポイントとなる芝コースを中心に考察してきたが、新装中京競馬場のダートコースにも注目してみよう。

【中京ダート1800m】

新・中京競馬場での開催とともに新設され、13年からGⅡ東海Sが、14年からは阪神競馬場で行なわれていたJCダートがチャンピオンズCとして施行されるようになった。行なわれるレースの数も、中京ダートの中では断トツに多い距離で、現在の中京ダートの顔といえるコースだ。

中京芝2000mと同様、ゴール前直線の急坂を上る途中からのスタートとなる。上り切ると2角後半までは平坦だが、向正面の中ほどまで上り坂が続く。

上りの後は休む間もなく、スパイラルカーブが導入されている3～4角を越えて直線に向くまで下り坂が続く。直線に入ってから今度は中山の坂にも負けない急勾配を上らなくてはならない。

また芝同様、直線は410m強と長く、この急坂を越えて220mほどの地点がゴール。ホームストレッチの急坂は芝コースより幾分緩やかだが、コースの起伏は芝コースに類似しており、ダートコースも芝コースに負けずタフな造りになっている。そのため、どちらかといえば時計もかかる傾向にある。

ダート1800mの発走地点が、芝2000mの発走地点に近いこと、芝コースに起伏が似ていること、直線も長いことを考えれば、差し馬有利の傾向が見られるという仮説も成り立つだろう。

ところが、調べてみると、仮説のような傾向はなく、反対に逃げ・先行有利のコースであることがわかった（P154表38）。

もう少し掘り下げると、逃げ・先行有利といっても「未勝利・500万下」と「1000万下・1600万下・OP・重賞」（1000万以上）とでは、また傾向が異なっていて**「未勝利・500万下」では逃げが圧倒的に強く、「1000万下以上」では先行が強い**という違いがあることがわかった（表39、40）。

ここまで差し不利、逃げ・先行有利となる理由を考えてみたい。主な原因としては、次の2点が考えられる。

①芝コースと直線の長さがほとんど変わらない分、コーナーが急。コーナーを4回通過するコースであり、上りスタートかつバックストレッチ中盤までの緩やかな上り坂があるため、逃げ・先行馬にも息を入れるタイミングがある。

②起伏が大きく厳しいコース形態であり、スタミナの消耗は避けられない。そのため、逃げ・先行馬がバテて、急坂付近で脚色が一杯になりやすい。元々、芝よりも力を要するダ

表38●中京ダート1800m脚質別成績

脚質	勝率	連対率	複勝率	単回率	複回率
逃げ	24.2%	39.6%	49.8%	154%	138%
先行	13.0%	26.8%	37.9%	127%	130%
中団	4.3%	9.5%	16.6%	52%	65%
後方	1.2%	2.3%	4.7%	23%	24%
マクリ	9.7%	29.0%	48.4%	47%	114%

2012年3月3日〜2015年7月26日

表39●中京ダート1800m 未勝利、500万下脚質別成績

脚質	勝率	連対率	複勝率	単回率	複回率
逃げ	25.5%	41.5%	52.0%	166%	147%
先行	12.5%	26.4%	37.2%	135%	128%
中団	4.4%	9.6%	16.8%	56%	67%
後方	1.1%	2.2%	4.5%	25%	24%
マクリ	10.0%	26.7%	46.7%	48%	113%

2012年3月3日〜2015年7月26日

表40●中京ダート1800m 1000万下以上脚質別成績

脚質	勝率	連対率	複勝率	単回率	複回率
逃げ	16.7%	29.2%	37.5%	71%	82%
先行	15.7%	28.9%	41.0%	73%	133%
中団	3.1%	8.5%	14.0%	24%	47%
後方	1.8%	3.5%	7.1%	9%	27%

マクリは省略。2012年3月3日〜2015年7月19日

ートコースでは、脚質に関わらずすべての馬の脚が坂で止まるため、位置取りの差が順位に反映されやすい。

クラスによって、逃げと先行の成績に差があるのは、前提としてこのような「前有利」の条件があって、**未勝利・500万下ではハナに立った馬がそのまま勝ってしまうことが多い**。一方、1000万下以上になると逃げ馬は目標にされて勝ち切れないことも多くなるためではないだろうか。


表41●中京ダート1800m 枠番別成績

枠番	勝率	連対率	複勝率
1枠	5.7%	12.5%	20.3%
2枠	8.4%	16.8%	26.5%
3枠	7.6%	12.7%	16.8%
4枠	5.7%	10.8%	18.6%
5枠	8.9%	14.3%	18.6%
6枠	6.5%	13.2%	22.3%
7枠	4.7%	12.9%	19.8%
8枠	7.9%	17.2%	23.2%

2012年3月3日〜2015年7月26日

枠順については、内枠有利や外枠有利といった、まとまった傾向は見られないが、2枠と8枠がややよい成績を残している（表41）。

また、この舞台には幸運の馬番がある。**不思議と10番のゼッケンを着けた馬が好成績**（勝率11・9％・連対率17・9％・複勝率22・9％）なのだ。

馬番の有利不利については出走頭数によって当然変わる。そこで、頭数、枠に関わらず10番であれば、同じようによい成績を残しているのかを調べてみた。すると、どの枠で

表42●中京ダート1800m馬番10番の頭数別成績

頭数（枠番）	勝率	連対率	複勝率	単回率	複回率
10・11 頭立て（8枠）	14.3%	21.4%	28.6%	82%	70%
12・13 頭立て（7枠）	11.4%	22.9%	31.4%	169%	77%
14・15 頭立て（6枠）	14.6%	22.0%	31.7%	172%	111%
16～18 頭立て（5枠）	10.8%	14.4%	16.2%	143%	48%

10・11頭立て…2012年3月10日～2015年3月29日
12・13頭立て…2012年3月10日～2015年7月4日
14・15頭立て…2012年3月3日～2015年7月19日
16～18頭立て…2012年3月3日～2015年7月26日

も10番はコンスタントに高い成績を残していたのだ。

特に、**5枠よりは外めの枠（6～8枠）の10番**は、諸々の率が特に高い傾向にある（表42）。馬番10が好走するというのは偶然に過ぎないのかもしれないが、運も重要な競馬においては、験担ぎをするのも悪くないだろう。

さて、中京ダート1800m戦は、最後の直線に中山に次ぐ勾配の急坂が待ち構えている舞台であり、パワーが必要となることは想像に難くない。

また、開催時期の関係で冬場に使われることも多いため、砂が乾燥して重くなりがちであるから、パワー型の馬をいかに拾うかがより重要性を増すのではないか。

そういった考えを念頭に置いて馬体重別成績を見てみると、**520キロ以上の大型馬が圧倒的な成績を残しているの**がわかった（表43）。馬格はあればあるほどよいというのが、この舞台の特徴といえる。

表43●中京ダート1800m馬体重別成績

馬体重（キロ）	勝率	連対率	複勝率	単回率	複回率
439未満	5.1%	9.8%	14.9%	70%	54%
440〜479	6.0%	11.9%	17.8%	61%	70%
480〜519	7.4%	15.2%	23.4%	75%	78%
520以上	12.3%	23.2%	32.0%	72%	96%

2012年3月3日〜2015年7月26日

もっとも、520キロ以上の馬の平均単勝オッズは、他の馬体重の範囲の馬に比べると低くなりがちであるため、回収率が特別優秀というわけではないのだが……。馬体重によって、軸として信頼できるかどうかをある程度判断できるという点だけでも、大きな検討材料だろう。

最後に、種牡馬別成績と騎手別成績についても軽くふれておきたい。

この舞台では**マンハッタンカフェ産駒（勝率15・3%、連対率26・4%、複勝率31・9%）とハーツクライ産駒（勝率13・3%、連対率18・3%、複勝率28・3%）**が抜きん出ている。ひょっとすると、マンハッタンカフェ産駒に大型馬が多いとされるのが影響を与えているのかもしれない。

ハーツ産駒は良馬場で勝率アップ・連対率ダウン、稍重・重・不良馬場で勝率ダウン・連対率アップという傾向を見せている点には注意。また、稍重・重・不良の条件で【3―2―0―9】と強さを見せるのがスペシャルウィーク産駒であり、出走していたら忘れずに押さえておきたい。

騎手では勝ち数最多、勝率22・7％、連対率31・8％、複勝率38・6％の成績で文句なしの**武豊騎手**が狙い。勝率19・1％、連対率34・0％、複勝率48・9％で追いかける勝ち数2位の**福永騎手**も捨てがたく、この2人が突出している。

また、武豊騎手の単勝回収率は155％、福永騎手も単複回収率が100％を超えており、両ジョッキーとも非常に優秀な成績ながら、回収率も低いわけではないため積極的に狙っていきたい。

まとめると中京ダート1800mは「**未勝利・500万下の逃げ、1000万下以上の先行、2枠と8枠、外めの枠（6～8枠）の馬番10番、520キロ以上の大型馬、マンハッタンカフェ・ハーツクライ産駒、武豊・福永騎手**」が買い要素となる。細かいが、その分様々な視点から検討できると思うので予想に際して役立ててほしい。

中山・京都・阪神ダート1800m

【中山ダート1800m】

中京ダート1800m戦に続いては、中山ダート1800mを考察することにしよう。

JRAが施行するダート戦の中でも、群を抜いてその回数が多いのが中山ダート120

表44●中山ダート1800m馬体重別成績

馬体重（キロ）	勝率	連対率	複勝率	単回率	複回率
419以下	0.0%	0.7%	2.9%	0%	31%
420〜459	4.3%	9.3%	15.0%	66%	85%
460〜499	7.1%	13.9%	20.6%	69%	77%
500以上	8.8%	17.1%	25.1%	66%	77%

2010年12月4日〜2015年9月21日

０ｍと１８００ｍである。

特に１８００ｍ戦は、前作で「大型馬、牡馬、外めの枠を狙え」との結論が出ており、中山ダートが「重い砂」であることも指摘されていた。今回もダート１８００ｍの平均タイム（２０１０年10月〜15年10月）を調べてみると、阪神・京都・新潟・中京の平均が1分55秒4であるのに対し、中山の平均は1分57秒3と、明らかに時計がかかっていた。

中山ダート１８００ｍは高低差がキツく、急坂を２回上るタフなコースであるというのが多分に影響しているのは間違いない。

表44は中山ダート１８００ｍ戦における馬体重別成績。**馬体重が重くなるにつれて、率ベースの値も総じて上昇している**のがわかるだろう。

性別成績を見ると、やはり馬格に勝る牡馬が牝馬の成績を上回る。牡馬：勝率7・6％、連対率14・8％、複勝率21・9％、単勝回収率72％、複勝回収率82％に対し、牝馬：勝率2・8％、連対率6・6％、複勝率10・5％、単勝回収率33％、複勝回収率59％という状況。とにもかくにも、パワーが要求される中山ダート１８００ｍでは馬格がモノをいう。

表45●中山ダート1800m 枠番別成績

枠番	勝率	連対率	複勝率
1枠	4.7%	10.1%	17.0%
2枠	4.7%	11.4%	18.1%
3枠	6.4%	12.2%	18.7%
4枠	7.0%	12.9%	18.7%
5枠	7.4%	14.6%	21.4%
6枠	7.7%	15.6%	22.4%
7枠	7.7%	13.6%	21.1%
8枠	7.8%	16.4%	23.3%

2010年12月4日～2015年9月21日

枠はどうかといえば、外めの枠がやや有利という傾向が見られた（表45）。正確に記せば、中山ダート1800mでは外枠有利というよりも5～8枠であれば成績が満遍なくよいということ。

逆に1～4枠はやや不振な傾向を示している。極端な枠の有利不利こそないものの、真ん中から外めの枠が若干有利といえる。

最後に脚質を分析してみると、コーナーが4つあることも影響しているのか、基本は逃げ脚質有利の傾向。ただ、中山ダート1200m戦ほどの優位性はないことがハッキリしているので、逃げ・先行馬有利としておこう。

もっとも、182%の単勝回収率や153%の複勝回収率には魅力があり、やはり狙うべきは逃げ馬ということにはなるのだが……。まとめると、**中山ダート1800m戦は「大型馬、牡馬、真ん中より外の枠、逃げ有利」**となる。

表46●京都ダート1800mOP・重賞 脚質別成績

脚質	勝率	連対率	複勝率	単回率	複回率
逃げ	6.7%	20.0%	26.7%	20%	47%
先行	16.3%	30.6%	40.8%	189%	92%
中団	5.6%	12.5%	22.2%	18%	53%
後方	0.0%	0.0%	1.6%	0%	6%

マクリは省略。2010年11月7日～2015年5月24日

【京都ダート1800m】

中山ダート1800mを重いダートとするならば、軽いダートの代表例が京都ダート1800m戦ということになる。

一般に京都のダートは「軽い」ダートであるとされているが、その事実を裏付けるように、京都を除いた全場のダート1800m戦における平均タイムが1分56秒2であるのに対して、京都は1分55秒0という具合に1秒2も上回るのだ（いずれも10年10月～15年10月）。

時計の出やすさは、好走する馬の脚質にも影響を与えていると考えられる。

ただし、逃げが有利なのは主に未勝利、500万下の下級条件。表46の通り、OP、重賞のダート1800m戦となると、逃げ馬有利ではなく先行馬が狙いということがわかるだろう。

また、馬場が軽いという意味で興味深いのは、京都は「**芝からダート替わりの馬が好走しやすい**」というものである。表47はダート1800m戦が行なわれている競馬場における、前走芝から今走ダート1

800mというローテーションだった馬の成績をまとめたものだ。

京都ダート1800mが勝率・連対率・複勝率のすべてでトップに立っている。表は省略するが、実は京都で行なわれる他のダート1200m戦や1400m戦も同様の傾向が見られた。京都ダートコースにおける、「前走芝からのダート替わり馬」の成績がいというのは、単なる偶然ではないだろう。

もうひとつ気になる点が、阪神ダート1800mでの好走傾向である。同コースでは表47からわかるように、京都に引けを取らない好成績が記録されている。

阪神は京都とは異なり、「重いダート」というイメージがあるのだが……。結論を先に書けば、阪神ダート1800mは「パワーが必要で時計もかかる」という印象とは裏腹に、阪神を除いた全場平均に比べて0秒8も速い。京都に次ぐ時計の速さ（1分55秒3）が出るコースであった。

これはやや意外な結果だったが、ダート替わりの馬が京

表47●芝→ダート（ダ1800m）替わり競馬場別成績

場	勝率	連対率	複勝率	単回率	複回率
京都	6.3%	11.8%	16.8%	93%	94%
阪神	6.1%	11.1%	16.5%	77%	87%
中京	5.5%	10.2%	13.0%	68%	42%
中山	4.9%	10.0%	14.2%	65%	72%
新潟	4.7%	10.0%	14.0%	78%	60%

京都…2010年10月9日～2015年5月31日
阪神…2010年10月2日～2015年9月21日
中京…2012年3月3日～2015年7月26日
中山…2010年10月2日～2015年9月21日
新潟…2011年4月23日～2015年9月6日

都と阪神のダート1800mで好走しているのは、「時計が出るコースであるため」だからなのではないかという推測は成り立ってもおかしくはない。

「芝ではスピード不足。そうだとしてもダートならば他馬にスピードで劣らない」というタイプの馬が、ダートに替わる際、時計がかかるダートよりも時計が出るダートのほうで好走する確率が高いと考えるのは、そう突飛ではないように思える。

では、阪神ダート1800m戦ではどのような傾向を示しているのかについて軽くふれて、ダート1800m戦の項目をまとめることにしたい。

【阪神ダート1800m】

時計がかかるイメージとは逆に、同距離で行なわれるダート戦の中では比較的時計が出やすいコースが阪神ダート1800m。13年まではJCダートが行なわれていた舞台だが、14年からはチャンピオンズCとして中京ダート1800mにその舞台は移った。

とはいえ、阪神ダート戦の中ではレース施行数が最も多い距離であることに変わりはない。前作では「外枠有利かつ牝馬不利。稍重・重馬場で大型馬を狙い、不良馬場で小型馬狙い」との結論が出ていたが、現在はどうなっているのか。

阪神ダート1800mは、下級条件戦と上級条件戦とでは傾向が大きく異なる部分があり、それらを一括りに均質なデータとして提示できない。

また、未勝利・500万下・1000万下の3つの条件（以下、この項目のみ便宜的に「下級条件戦」とする）が近5年における総レース数の88％弱を占めている。下級条件のレースが大勢を占める傾向は今後も続くことだろう。そのため、前作では阪神ダート1800mで行なわれる全レースを対象としたが、今回は下級条件戦にのみ対象を絞って検証を進めたい。

表48●阪神ダート1800m（下級条件戦）枠番別成績

枠番	勝率	連対率	複勝率
1枠	8.6%	15.8%	22.4%
2枠	6.4%	14.2%	19.9%
3枠	7.4%	13.7%	20.8%
4枠	6.7%	13.1%	21.5%
5枠	6.0%	13.6%	20.7%
6枠	6.1%	13.9%	21.1%
7枠	7.7%	14.1%	21.7%
8枠	7.7%	14.8%	21.2%

2010年12月4日〜2015年9月21日

枠順別の成績を見ると、以前は内枠（1・2枠）不利で大外枠有利の傾向がハッキリ出ており、8枠の回収率も群を抜いていた。しかし、現在の下級条件戦では枠による有利不利は小さくなっており、外枠（7・8枠）有利の傾向はかろうじて残っているが、以前とは反対に**最内枠有利の傾向すら出ている**のだ（表48）。

阪神ダート1800mは、初角までの距離が約300mと、そこまで短くもなければ長くもないというコース。そ

表49●阪神ダート1800m（下級条件戦）馬体重別成績

馬体重（キロ）	勝率	連対率	複勝率	単回率	複回率
419以下	1.5%	5.3%	6.0%	20%	23%
420～459	5.0%	10.1%	16.3%	67%	77%
460～499	7.6%	15.1%	22.2%	65%	82%
500以上	8.6%	17.5%	26.0%	79%	87%

2010年12月4日～2015年9月21日

の分、外めの枠に入った馬でも先手を主張すればいい位置につけられるという騎手心理が働く。だから逃げ・先行馬による先行争いが意外と過熱しやすいのだ。

先行争いにより内がごちゃつく一方で、外枠の馬は外を回らされるものの、馬込みに揉まれることなく比較的スムーズにレースを運べるのが利点になるのだろう。そういった傾向があるために、最内枠有利ではあるが、数値としては取り立てて大きくなく、外枠（7・8枠）の成績も高めに出ていると推測している。

馬体重別の成績（表49）も見れば、より阪神ダート1800m戦の特徴がつかめるだろう。

阪神ダート1800mはゴール前に高低差1・5m程もある急坂が設けられているため、やはりパワーは不可欠である。となれば、パワーで優位に立てるとされる大型馬が有利なのか。

調べてみると、なるほど、最もパワーが要求されるといわれる中山ダート1800mよりは開きが小さいものの、馬体重が重くなるにつ

表50●阪神ダート1800m（下級条件戦）大型馬の馬体重別詳細成績

馬体重（キロ）	勝率	連対率	複勝率	単回率	複回率
500〜519	7.8%	17.0%	26.0%	54%	93%
520〜539	11.7%	20.5%	26.6%	152%	73%
540〜	5.5%	12.6%	23.6%	44%	84%

2010年12月4日〜2015年9月21日

れ成績は上がっているのがわかった。

しかし、スピード重視・パワー軽視でよいとされる京都ダートにおいても「馬体重の重い馬のほうが成績もよい」という大まかな傾向は同じだ。では、馬体重から検討したときに阪神ダート１８００ｍだけに見られる傾向はないのか。

さらに調べてみると、大型馬は大型馬でも、５２０〜５３９キロの「スーパーヘビー級」の馬が非常に強い舞台であることがわかった（表50）。

この傾向は馬場状態の変化に左右されることもなかった。阪神ダート１８００ｍで要求される「馬力」の分水嶺が馬体重５２０キロ付近にあるということは頭に入れておいて損はない。５２０〜５３９キロの範囲の馬は、５４０キロ以上の馬のように極端にサンプル数が少ないわけでない。それにも関わらず好成績を残せているため、データとしても信頼性は低くないからだ。

データとしても信頼性は低くなく、何よりこの範囲の馬体重の馬のみが突出した成績を残しているという点は、狙いを絞るという意味で非常に都合がよい。

まとめると、下級条件の阪神ダート1800mは**「最内枠有利、520〜539キロの大型馬」**が狙いとなる。

回収率云々より競馬エンジョイライフのススメ

駒場一のギャンブラーの GI・重賞を勝ち抜くルール

秋葉 直哉（ペンネーム）

教養学部文科二類。高知県出身。「飲む・打つ・買う」の遊興生活を送り、留年。酒は憂いの玉箒。オタク活動とギャンブルと酒による無際限の出費をリボ払いでやり過ごし、週末のメインレースに注力して一発逆転を狙うも、「泡銭は身に付かぬ」を体現してすぐさま豪遊するため、次の週末には競馬資金すらないことも多い。趣味はピアノとギターと車。

私だけはライトな競馬ファンの味方です…？

ここまで、当サークルの面々がそれぞれに予想理論を説明してきてくれた。そのうえで私が今回ここで扱うのは、メインレース、とりわけGI・重賞レースの狙い方だ。

ただ、最初にご承知おき願いたいのは、私は競馬において、回収率を世間の皆さんほど重視していないという点である。

この本を手に取られている皆さんの中には、毎週1Rから勝負！という人の他に、「競馬は好きだけど、そんなに毎レース予想しているわけじゃない」だとか「毎週メインだけは買う」というタイプの人々もいることだろう。私の手法が、そんな、いわばライトなファンの皆さんの参考になれば幸いだ。

また、私が馬券を買うとき、毎回特定の根拠に依っているわけではないということもお伝えしておく。

例えば血統やラップ、データなど、それ自体でなんらかの確率や指数をある程度割り出すことができる一定の予想法や理論などを、私は持ち合わせていない。一定の方程式に則って回収率の向上を目指す、という競馬のやり方ではないのである。

よって、私がここで書くことの大半は、競馬理論ではない。

「じゃ、一体、お前は何を書くのか？」と聞かれそうだが、ライトなファン目線でつづりたいことがある。私は投資家ではないし、馬券で生活しているわけでもない。そうはいっても競馬はやはりギャンブルである以上、勝てば嬉しい、できれば勝ちたい。

主にそういう私と似たような楽しみ方をする、いわば「競馬エンジョイ勢」とでも呼ぶべき人々に向けて、私の予想方法や競馬遍歴を徒然《つれづれ》と語っていくのが、当項の本旨である。

「全国100万人の競馬ファン」といわれるが、果たしてみんなどういうキッカケで競馬を好きになるのだろうか？

親をはじめ家族の影響だとか、友達や恋人に誘われただとか、あるいはテレビでディープインパクトのようなスターホースを見たのがキッカケという人が多いだろうか。

元々ギャンブルが好きで馬券に憑《と》りつかれる人もいるだろうし、「ウイニングポスト」や「ダービースタリオン」などのゲームをキッカケにのめり込んだ人もいるだろう。

私の周囲には若い学生が多いから、自然、親が競馬好きで……という人が多い。その点、私の家族は誰ひとりギャンブルをやらなかった。家族全員揃いも揃って「100万円あったら貯金する」という人種である。

そもそも私が地元（高知県）にいた頃、ＧＩデー以外にＪＲＡの馬券を買う施設は地元にはなかったのだ。初めて競馬をナマで見たのは、東京に遊びに来た折、友達に連れられて東京競馬場に行ったときだった。その程度の人間が、なぜ、東大で競馬サークルの代表を務めるようなことになったのか……。

自分でもよくわからないのだが、元々の趣味と競馬の特性の親和性が非常に高かったように思う。生来ギャンブル好きだった人以外で競馬ファンになったタイプの人なら、同意してもらえるかもしれない。

私自身、最初からアニメやゲームが好きなオタクであり、ひとつのことを突き詰めて考えるのが好きだった。

スポーツ観戦はまったく興味がないのだが、モータースポーツだけは異常に好きで、東京競馬場で実際に走る馬を見たとき、そのスピードと迫力に魅了された。そういう嗜好の素地があったという人は、競馬好きには意外と多いのではないだろうか。

さてＪＲＡも今、新規競馬ファンの開拓に躍起である。秋のＧＩシーズンともなると渋谷駅の構内広告は競馬一色になり、京王電鉄各線は競馬ラッピングの電車を走らせている。

そうして新たなファン候補が競馬場に足を運ぶわけだが、そこから本格的な競馬ファンとなるかどうかは、当然その人次第である。

だが、その過程において、予想の楽しみを味わえるか、そして目に見える結果として予想が的中したときの快感を味わえるかということが、その人が競馬に対して抱く印象を大きく左右するであろう。

一方で、初心者にとって競馬というギャンブルは、やや敷居が高いというのもまた事実。麻雀未経験者がそのルールの複雑さ、特に役の多さに尻込みしてしまうのと同様、競馬もその予想ファクターの多さ、券種の多さから素人には難しく思われがちである。

初心者は、そうしたいわば競馬予想におけるルールを知らないし、一朝一夕に馬券上手になれるというものでもない。

しかし、ここで逆に問題提起をしたい。

「ならば、競馬はキャリアが長くなればなるほど、うまくなるのか？　競馬初心者や競馬エンジョイ勢は、ＪＲＡや玄人《くろうと》の養分でしかないのか？」

私があえてここで答えるなら、「否」である。確かに、普段馬券を買わない人が多く参加するＧＩは、オッズが不当なものになりがちである。最初の頃は、平場のレースなんてまったく見当もつかないだろう。そういう意味でのみ、この問いの答えを是とすることもできるかもしれない。

しかし、わずかな期間でも、なんとなく馬券の感覚を身に付けることはできるし、私の場合は最初の1年間競馬に触れて、確固とした予想理論とまではいかずとも、自分なりの買い方、狙い方を自然に確立させてきた。

GIやメインレースだけでも、競馬が好きで、馬券も楽しんで買いつつプラスを出したい。それが私の主な競馬スタンスである。

なぜメインレースをターゲットにするのか

さてここで、なぜ私がGI・メインレースをターゲットに絞って勝負するようになったかを話しておかなければなるまい。とはいっても、そこまで難しい理由があるわけではないのだが。

前記の通り、私の馬券歴はそう長くないし、当初は私もほぼ毎レース賭けていた。そうするうちになんとなく、『3歳上500万下』とかいうレース、全然わからへんな……」と感じるようになってきた。

実際、当たらないのである。そうこうしているうちにマイナスが膨らみ、後々のレースを買ううえでも「マイナスを回収する」「あわよくばプラスに持っていく」という考えのもとに馬券を検討するようになる。

私は穴党ではないので、マイナスを回収しようとすると、必然的に自分の予想の範疇を外れた馬券を買わざるを得なくなったり、逆転のため自信のあるなしに関わらず大きく勝負し始めたりする。

そうしてさらにマイナスを計上することが多くなり、メインも当たらず、スゴスゴと競馬場から引き下がる、ということを幾度か経験した。おそらく競馬ファンなら誰もが通る道なのであろう。

少し学習して、「未勝利や新馬、500万下なんかは賭け額を数百円に収めよう」と考えた。ところが、考えてもわからないレースはやっぱりわからないもので、金額の如何《いかん》に関わりなく、負けてマイナスが出る。

わずかでもマイナスが出るということは、心理的に無視できない影響を及ぼすものだ。しかも、毎レース賭け始めると、意外と次のレースを予想する時間がないのである。

「毎レース買わないと競馬はわからない」という意見を聞いたことがある。だが、本当にそうなのか？

経験量と学習は正比例しない。

そもそも私のような金のない学生には、ムダ弾を打って金を失っている余裕などない。「耐え難きを耐え」ている間に今月の生活費は溶けてなくなっているのだ。しかも、これは他人の受け売りだが、**「競馬に二の矢はない」**。ならば、ハナから特定のレースを狙い澄まして撃ち込めばいいのではないか。

何レースも買い続けて当て続けるというのがいかに難しいことか。こうして私は、メインレースに勝負を賭けるようになったのである。

実際、ほぼ毎レース買い続けていた頃と今では、明らかにレース単価は上がっているが、2015年は通年プラスの成績で終わることができた。

2015年の収支をプラスに導いた買い方

では、どうやってプラスを計上することができたのか。馬券の買い方について少し話しておきたい。

私が馬券を検討するうえで重視しているのは、レース数を絞ることに加えて、次の3点である。

①軸を決めたら相手を絞りすぎないこと。
②基本的には馬連で勝負すること。
③単式馬券を多用しないこと。

試行回数を減らしてレース単価を上げるところまでは理解いただけたと思う。そこで「荒れるレースを見つけて一発万馬券」タイプを取るのか、はたまた「とにかくGI・メインの的中狙い」タイプにするのかは各人の好き好きだが、私の場合は後者である。

それは単純な理由で、万馬券は大概の場合、外れ馬券の山の上に成り立つものであるが、外れ馬券を山と積み上げられるほど私の資金力は高くないからだ。

また、私は単式馬券をあまり使わない。単勝、馬単は当たり前だが、1着馬を当てなければならない。レースは生き物であり勝ち切る馬を的確にいい当てるのは、なかなか難しい。

とはいえ3連単だと、1・2着を固定するなど工夫しないと点数がかさむうえ、3着あたりはほぼどの馬にもチャンスがあるため何が来ても不思議ではない。同様の理由により、

3連複も点数がかさみやすい。そのわりに3連複の配当は、私の感覚的なものだが、馬連とそこまで大差はないのである。

また、馬連であれば「2着はありそうな馬」を探せばよい。勝ち切る馬まで綺麗に読み切る必要はないし、3着ほど考察対象を広げなくてよい。勝ち負けできると思える馬を探す作業なのだ。

素直に、自分が強いと思う馬、買い材料の多い馬、あるいは減点材料の少ない馬、陣営の本気度合いなどを勘案して「2着はイケる」と判断した馬を軸にすれば、正直なところ大体当たるというのが、私の経験から連式馬券をオススメする理由である。

それから、「あまり相手を絞りすぎない」こと。そこは、あくまで的中狙いなのである。トリガミ（獲り損）でもいいというわけではないが、馬連のオッズをシミュレーションしながら、**どの目が当たっても大体、賭け額全体の3倍以上になることを目安に**、傾斜配分していく。

例えば、1レースに総額6000円賭けると決めたら、配当15倍の買い目には1200円を配分する、といった具合である。具体的には大体1レースあたり、馬連流しで6点以上は買っているように思う。

私は穴党ではないので、素直に1～5番人気あたりの馬を軸に取ることが多い。というか、1～3番人気を軸に取っていることが圧倒的に多い。特に穴人気にこだわって予想をしているわけではないことの証明でもある。

前日の予想段階で人気を確認することもないのだが、独自の特殊な予想法を使っているわけではないので、競馬好きなら誰でも知っているようなファクターから軸を選ぶと、自然とそのあたりになってしまう。

稀に、軸馬が4～6番人気あたりで的中すると「オイシイなあ」と思う程度で、強いて人気馬や穴にこだわって軸を取ることはない。

ただ、ご存知の通りだが、1、2番人気の馬から馬連を流すと、特に単勝1倍台のような馬からだと、配当は当然安くなる。そういう場合は、断腸の思いで軸以外の人気馬を軽視することになる。それについてはおいおい説明することにしよう。

実際のところ、単勝1倍台の馬がいるレースは、当該馬が「こいつは飛ぶやろ！」と思える場合、もしくは当該馬より評価できる馬がいる場合、あるいは当該馬の騎手が信用できない場合以外は、そもそものレースには賭けないのだが……。

GⅠ・重賞は「陣営のコメント」を重視

ではなぜ、GⅠ・重賞なのか？　正直なところ、メインレースとはいっても、よくわからない1600万下やオープン特別、ハンデ重賞などでは、私はあまり大勝負したくないのである。

それは、私が様々な予想ファクターの中で最も重視しているポイントが、GⅠを狙ううえで適しているからというべきだろう。

そのファクターとは、「厩舎、騎手、馬主の本気度合い、意図」である。

一番わかりやすい例だと、競馬新聞やスポーツ新聞に書いてある厩舎スタッフのコメントの部分に注目している。実際には、その他にもインターネットから様々な陣営のコメントを収集し、総合的に判断してはいるのだが……。

GⅠ・重賞は、要するに最も陣営の思惑が推し量りやすいのだ。ほとんどの陣営がそこを目標にローテーションを組み、馬を仕上げてくるからである。

また騎手心理としても、思い切った騎乗をするポイントは、やはりGⅠ、あるいは短期免許の外国人騎手の場合は最終騎乗日など、狙いの立ちやすい日があるのは間違いない。

とはいえ、「競馬新聞の関係者コメント欄はまったくアテにならん！」という批判の声もよく聞かれる。実際、すべてがその通りであるわけではない。馬は人外の生物であるし、陣営も自分の手の内をやすやすと明かすわけがないという批判もうなづける。

しかし、やはり厩舎スタッフや調教師や騎手は馬のプロフェッショナルであるし、私の経験上、レース前コメントの通りにコトが運びやすいのは、GⅠ・重賞だと思っている。

重ねていうが、すべてがその通りになるわけではない。あくまで、体感の確率の話である。また、普通の競馬ファンでも情報が多く得やすいのも、皆が注目し取材や記事数も多いGⅠ・重賞になってくるのは納得してもらえるだろう。

一例を挙げると、2015年のスプリンターズSが象徴的だったように思う。

展開を予想するうえで「どの馬が前に行きたがるか」はかなり重要な点になるわけだが、ここにはハクサンムーンとアクティブミノルと2頭の逃げ馬がいた。ハクサンは近走ハナに立てておらず、もう行き脚がつかずに逃げられないのではないか、との意見が私の周りでも聞かれた。

私がインターネットで関係者コメントを閲覧していると、「調教師から騎手に『なんとしてでも、出ムチを打ってでも逃げろ』と指示が出た」という情報があった。実際、レースが始まると、ハクサンムーンは鞍上が追って追って押しまくって無理やりハナに立たせたのだ。

むしろ逆に、レース前コメントとはまったく違う形のレースをした馬がいた場合、後々、レース後コメントや次走のコメントを見てみると、「他の馬に主張されて行き切れなかった」ようなパターンや、あるいは騎手の独断のパターンなど、一種イレギュラー的な場合が多いのである。

それがＧＩともなると、陣営としてはなんとしても、自分の競馬をさせてその馬のベストを引き出したいだろう。関係者としては「ウーン、行き切れへんかったなあ。やっぱ自分の競馬できんとあかんわ。残念。まあ次走！」とはなかなか割り切れない。それがＧＩ競走であり、そうした関係者の深層心理を馬券へと転化させる余地があるはずだ。

そもそも、競馬は馬主が馬を所有して走らせ、調教師が調教を行ない、騎手が乗るのである。馬の力と同等かそれ以上に、人間の関わる余地がとても大きなゲームだと、私は考えている。「厩舎力」なる言葉も多くのファンの間に浸透しているはずだ。要するに、**「運用の妙は人に存する」**ということなのである。

ならば、人の発言や当該馬のローテーションから、馬主、調教師、騎手の意図を汲み取り、「ここは絶対狙ってくるな」と思われるところで買うというのは、理論としては抽象的で結果論的な部分もあろうが、あながち間違った話ではないだろう。

ただし、あくまでコメントをすべて鵜呑みにして買うというわけではない……というのも難しいところだが重要なのである。いにしえの人は「情報信ずべし、また信ずべからず」とはうまく表現したものだ。

当たり前だが、コメントを見たうえで、狙いを定めている馬をどこまで信用するかは、あくまで自分で考える必要がある。「陣営は何やエライ強気やけど、さすがにここでは力足りてへんやろ……」とか、「不安点多そうやけど、それでもこの馬ならイケそう」とか。

そのためには、競馬予想に関する知識はある程度必須だろう。ただし、**ほとんどの人が知らないような知識や理論は必要ない、マニアックな知識がなくても馬券では勝てる**と私は考えている。

「中山ダート1200mは前残り」とか「京都芝中距離ならディープを買っとけ」とか「ムーア騎手は買い」だとか、「有馬記念で大外は厳しい」というような、競馬好きなら「そんなこと誰でも知っとるわ！」というようなポイントを積み重ね、マイナスが少ないもしくはプラスが多い人気馬もしくは小穴馬から馬連を流す。

あるいは、マイナス点があっても「さすがにこの馬は2着まで来れるやろ」と思えば、その馬から流す。それが私の買い方であるし、実際にプラスを出している。

12番人気が勝って波乱のチャンピオンズCの場合

陣営が勝負がかりの場合、コメント欄なりインターネットの記事なり馬柱なりのどこかに、なんらかのシグナルが現れることが多いのだ。

例えば、2015年チャンピオンズCの勝ち馬、サンビスタ。12番人気、単勝66・4倍という人気薄での勝利だった。この場合、陣営は「いつもは立て直すのに時間がかかるが、今回は前走後の回復が早かった。調教でもかなり強い負荷をかけているし、今週の動きもすごくよかったですよ。4着だった昨年よりも気配は上。勝ち負けを期待してます」と強気のコメントだった。

枠も2枠4番と絶好。中京向きの先行馬だし、鞍上はM・デムーロ騎手に乗り替わり。券種はともかく、明らかに買える馬だったはず。

とはいえ、ここまでの人気薄だと、さすがに半信半疑になってしまうし、ましてや馬連の軸にするのはなかなか勇気がいること。さらに人気馬には、それ以上に買いポイントがあったりする。綺麗に万馬券を的中させるのは、そんなに簡単ではないのだ。

だが、このレースの場合、3番人気のノンコノユメから馬連を流せば的中できたレースだった。

そもそもこのレース、1番人気コパノリッキー3・3倍、2番人気ホッコータルマエ3・7倍、3番人気ノンコノユメ3・8倍という3強ムードだった。私の買い方なら、この3頭のいずれかから馬連を流すということになる。私の本命はノンコノユメだったのだ。

予想プロセスを大まかに述べていこう。

「日本TV盃を使ってJBCクラシックを制したリッキーよりは、秋2戦目のタルマエ、ノンコのほうがここメイチ感が強そう。リッキーは前走が芸術的な逃げだったし、さすがに今回は1番人気でマークも厳しそう」というのは誰もが思うことだろう。

騎手についても「タルマエが幸騎手、ノンコがルメール騎手……それならルメール騎手かなあ」となるし、「中京ダート1800mは追い込み馬にはかなり厳しいというマイナスはあるものの、とはいえ、ドロドロの不良馬場でも追い込んでくるノンコ。1枠でルメールなら内からスルスル伸びて、勝ち切るまではいかずとも2着まではありそう」という思考をたどった。

多少の知識は必要だが、マニアックな視点は何ひとつない。それでも馬券的中へのプロセスは確保されているということを理解してほしい。

（ＧⅠ、ダート1800ｍ良）

中京 11R（メインレース） 発馬 3.30 第16回 チャンピオンズカップ（GⅠ） 指 国際・サラ三才上 オープン・定量

	白1 ①	白1 ②	黒2 ③	黒2 ④	赤3 ⑤	赤3 ⑥
父	トワイニング㊥	フレンチデピュティ㋮	カリズマティック㊥	スズカマンボ㊕	ホワイトマズル㊕	ゼンノロブロイ㊕
馬名	ノンコノユメ	サウンドトゥルー	ワンダーアキュート	サンビスタ	ニホンピロアワーズ	ナムラビクター
母・母距離	ノンコ㊥	キョウエイトルース㋮	ワンダーヘリテージ㋮	ホワイトカーニバル㊥	ニホンピロルピナス㋮	ナムラシゲコ㊥
毛色	栃栗	栗毛	鹿毛	黒鹿	青鹿	鹿毛
斤量	56 牡3	57 騸5	57 牡9	55 牝6	57 牡8	57 牡6
騎手	ルメール	大野	和田	替M.デムーロ	酒井	替秋山
厩舎	㊗加藤征	㊗高木	西佐藤正	西角居	西大橋	西福島信
賞金	7700	6650	32,730	10,750	24,000	8000
総賞金	15,470	19,135	85,241	27,755	61,179	23,920
馬主名	山田和正	山田弘	山本信行	ヒダカBU	小林百太郎	奈村信重
牧場名	白老 社台F	新冠 岡田S	三石 フクダF	新冠 グランド牧場	新冠 片岡牧場	日高 いとう牧場
小桧山	○	◎	…	…	…	△
広田	△	▲	…	…	…	△
目黒	注	△	…	▲	…	△
板子	△	◎	…	△	…	△
打越	▲	△	△	…	…	△
本紙中田	◎ 東	注 東	…	…	…	△
	2	3		1		
芝1600 / 1800			函2278⑩			函2312⑮ / 阪1518⑯
芝上り / ダート上り	大 …	高ッ … ③	函36.0⑩ / 大ダ35.1 1	大ダ36… ⑦	大ダ35.5⑧	大37.1⑯ / 帝ダ35.6②
ダ1400		阪ダ1230❺	大ダ1537 1	大ダ1596⑥	大ダ1559⑧	大ダ1555④
ダ1600	東ダ1347 [1]	東ダ1361 3	東ダ1353③	東ダ1367⑦	東ダ1367⑧	東ダ1378⑮
ダ1700	帝ダ2056 1	大ダ1557⑥	盛ダ1451①	小ダ1431 [1]	小ダ1449①	帝ダ2036①
ダ1800	中ダ1536 [5]	船ダ1502①	京ダ1484❷	盛ダ1493❶	阪ダ1488①	阪ダ1497③
ダート重①②③外	○1000	○0142	○3332	○2122	◎2203	○0012
母の父	アグネスタキオン	フジキセキ	プレザントタップ	ミシル	アドマイヤベガ	エンドスウィープ
兄弟馬	マイネノンノ	ワインクルスター	ワンダースピード	スズカホープ	ニホンピロシナバー	ナムララオウ
距離別勝利度数 天 千八のみ	1 0 4 0	3 0 3 1	4 1 2 0	5 3 1 0	7 1 0 0	4 0 0 0
乭 千七のみ	1 0 0 0	1 0 1 4	4 0 0 0	2 1 0 0	5 0 0 0	2 0 0 0
天 千六のみ	0 0 1 0	3 0 4 1	0 0 4 0	3 1 1 0	4 0 0 0	4 0 0 0
短 千五まで	1 0 0 0	0 0 4 3	7 0 2 0	4 0 2 0	6 0 1 0	3 0 1 0
開催場所・月日 / 開催日・着順	大井 7月8日 3 JDダービー 1	船橋 10月7日 ③ 日テレ盃 1	大井 6月24日 ③ 帝王賞 8	大井 10月1日 ④ レディスプレリュード 1	4阪 10月3日 [8] シリウス 6	3京 5月23日 ⑨ 平安 4
条件・枠・頭数	交流GⅠ 9 ダ 13頭	交流GⅡ 7 ダ 12頭	交流GⅠ 6 ダ 12頭	交流GⅡ 12 ダ 14頭	GⅢ 4 ダ 12頭	GⅢ 3 ダ 16頭
距離・タイム	二ダ 2056	大ダ 1502	二ダ 2050	大ダ 1502	二ダ 2056	大ダ 1555
斤量・騎手名	56 ルメール	56 大野	57 和田	57 岩田康	585 酒井	56 M.デムーロ
ペース・通過順	S ⑧⑥⑥	H [7]⑤③	M③④④	S ④③③	S ②④④	S ⑩⑧⑥
馬体重・人気	448 人気2	471 人気3	507 人気3	476 人気2	538 人気8	524 人気2
戦評・馬身差	中位差切 2 1/2	漸進抜 3身	好位一杯 10 1/2	好位抜出 2身	先行一杯 6 1/4	伸一息 2 1/4
前半600・上り600ｍ	381 外 373	369 中 372	359 内 406	373 中 363	357 中 380	366 外 363
①②着時計 秒差	クロスクリーガー 2061 0.5	クリソライト 1508 0.6	ホッコータルマエ 2027 2.3	トロワボヌール 1506 0.4	アウォーディー 2046 1.0	インカンテーション 1551 0.4
開催場所・月日 / 開催日・着順	5東 11月14日 [3] 武蔵野 1	大井 11月3日 3 JBCクラシック 2	盛岡 10月12日 [6] 南部杯 3	大井 11月3日 3 JBCレディス 2	大井 11月3日 3 JBCクラシック 8	4阪 10月3日 [8] シリウス 3
条件・枠・頭数	GⅢ 10 ダ 14頭	交流GⅠ 5 ダ 16頭	交流GⅠ 14 ダ 15頭	交流GⅠ 6 ダ 15頭	交流GⅠ 8 ダ 16頭	GⅢ 3 ダ 12頭
距離・タイム	天ダ 1347	二ダ 2049	天ダ 1371	大ダ 1526	二ダ 2066	二ダ 2051
斤量・騎手名	58 ルメール	57 大野	57 和田	55 岩田康	57 酒井	58 M.デムーロ
ペース・通過順	M⑫⑩⑪	M⑨⑦⑥	H ⑤⑤⑥	H ④④④	M⑥⑦⑧	S ⑫⑪⑪
馬体重・人気	452 人気2	474 人気4	512 人気2	473 人気1	534 人気7	526 人気2
戦評・馬身差	直線一気 ハナ	中位伸 2 1/2	中位伸 2身	好位伸 5身	中位まま 11 1/4	後方伸 3身
前半600・上り600ｍ	359 中 352	379 中 367	345 中 386	364 内 401	377 中 384	380 中 367
①②着時計 秒差	タガノトネール 1347 0.0	コパノリッキー 2044 0.5	ベストウォーリア 1368 0.3	ホワイトフーガ 1515 1.1	コパノリッキー 2044 2.2	アウォーディー 2046 0.5

●2015年12月6日・中京11Rチャンピオンズ C

馬番	16	15	14	13	12	11	10	9	8	7
枠	桃8	桃8	橙7	橙7	緑6	緑6	黄5	黄5	青4	青4
父	キングカメハメハ	キングカメハメハ	ドバウィ	キングカメハメハ	アドマイヤボス	サウスヴィグラス	マンハッタンカフェ	スペシャルウィーク	キングカメハメハ	ゴールドアリュール
馬名	ロワジャルダン	グランドシチー	外ガンピット	ホッコータルマエ	クリノスターオー	コーリンベリー	グレープブランデー	ローマンレジェンド	ダノンリバティ	コパノリッキー
母	アグネスショコラ	レディクラシック	マジックトーリ	マダムチェロキー	マヤノスターライト	コーリンラヴィアン	ワインアンドローズ	パーソナルレジェンド	スカーレットベル	コパノニキータ
毛色	鹿毛	鹿毛	鹿毛	鹿毛	青毛	栗毛	黒鹿	黒鹿	鹿毛	栗毛
斤量・性齢	57 牡4	57 牡8	57 騸5	57 牡6	57 牡5	55 牝4	57 牡7	57 牡7	56 牡3	57 牡5
騎手	浜中	津村	パートン	幸	替ボウマン	松山	替ムーア	岩田康	替アッゼニ	武豊
厩舎	南戸田	南相沢	ファウンズ	栗西浦	栗高橋忠	北小野次	栗安田隆	栗藤原英	栗音無	栗村山
賞金	4100	8560	11,860	35,335	6975	6675	11,350	11,850	3850	23,070
総賞金	11,212	25,707	香港	97,008	19,250	19,440	34,405	35,770	8590	57,540
馬主	社台RH	友駿HC	C.チャン	矢部道晃	栗本守	伊藤恵子	社台RH	太田珠々子	ダノックス	小林祥晃
生産	社台F	槇村牧場	AW7戦全勝	市川F	日西牧場	今井牧場	社台F	社台F	ノーザンF	ヤナガワ牧場
予想印	… △ … △ … △東	… 注 … … … B…東	… … △ … ◎外 B△国	▲ ○ ◎ ○ 注 ▲	… … … … … B…	… … … … … …東	△ … … … … B…	△ △ … 注 △ △	△ … △ … … △	注 ◎ ○ ▲ ○ ○
持ち時計	2311⑨	2034⑪	1348② 1476⑥		京1496③	阪1376⑱ 1106⑪	2153②	2061③ 2170⑧	1591⑧ 京1465⑧	
上がり	34.4⑨ ダ35.6❶	37.3⑪ ダ35.4⑪		ダ35.1②	34.5③ ダ35.6①	35.6⑪ ダ35.5①	35.5② ダ35.7④	34.7③ ダ35.3❶	33.1⑧ ダ36.6❶	ダ35.3①
ダート持ち時計	ダ2112⑤ 阪ダ1437① 京ダ1478❶	阪ダ1239③ 東ダ1368⑪ 函ダ1427❺ 東ダ1497⑤	1363①	京ダ1288⑪ 東ダ1361② 小ダ1467① 阪ダ1495③	ダ1554② ダ2038① 札ダ1419❷ 京ダ1484❺	阪ダ1225① 東ダ1364② ダ1109❶ 盛ダ1519❾	京ダ1231⑤ 東ダ1351① 小ダ1419❶ 阪ダ1499⑤	ダ1554③ 東ダ1366⑤ 札ダ1419❶ 京ダ1478❸	ダ2051② 京ダ1484❻	東ダ1248⑩ 東ダ1360① ダ1584① 京ダ1509①
成績	◎2100	○1115	○0000	○5011	○0104	○3001	○1003	○3012	○1001	○2201
母父	サンデーサイレンス	ブライアンズタイム	アリロイヤル	チェロキーラン	ジェイドロバリー	ミシックトライブ	ジャッジアンジェル	オータムアデイン	エリシオ	ティンバーカントリ
兄姉	ゴールデンチケット	ラフィネシチー		マダムウルル	ナカドイセンブー	コーリンギデオン	ワインアドバイザー	ミラクルレジェンド	ガムラン	コパノチャーリー
大左天短	3200 1000 0000 0000	6002 3100 0111 9121	0000 0010 0010 1022	4120 1020 5000 2001	5000 0100 1000 7100	0007 0012 0001 1022	4110 2110 0010 8133	7200 1000 3010 3010	2000 3000 0000 2000	3031 0000 1010 3001
前々走	4東 10月25日 ⑦ブラジル 4 オープン 1ダ15頭 ダ2112 55 C.デムーロ M⑤④③ 498 人気1 伸一息 3 3/4 378 中 369 ドコフクカゼ 2106 0.6	4阪 10月3日 ⑧シリウス 10 GIII 11ダ12頭 ダ2070 58 津村 S⑧②② 480B 11 マクるも 14 3/4 368 中 398 アウォーディー 2046 2.4	7月1日 香港リユニフィケ 1 ハンデ 良 12頭 1373 605 パートン シャティン 競馬場 香港 スーチョワンザ 1374 0.1 3/4馬身	大井 6月24日 ③帝王賞 1 交流GI 1ダ12頭 ダ2027 57 幸 M⑤③② 502 人気1 好位抜出 3/4身 359 内 386 クリソライト 2029 0.2	1札 8月16日 ⑥エルムS 4 GIII 12ダ13頭 ダ1433 57 幸 M③③③ 534B 1 好位一息 2 1/4 360 中 373 ジェベルムーサ 1430 0.3	大井 9月30日 ③東京盃 3 交流GII 10ダ15頭 ダ1116 54 松山 M⑥③③ 490 人気2 好位粘る 4身 349 中 367 ダノンレジェン 1109 0.7	1札 8月16日 ⑥エルムS 2 GIII 5ダ13頭 ダ1430 58 ルメール M③③③ 526B 5 好位伸 クビ 360 内 370 ジェベルムーサ 1430 0.0	3京 5月23日 ⑨平安S 3 GIII 12ダ16頭 ダ1554 58 岩田康 S⑦⑥④ 520 人気5 漸進伸 2身 364 中 365 インカンテーシ 1551 0.3	4阪 10月3日 ⑧シリウス 2 GIII 8ダ12頭 ダ2051 55 戸崎圭 S④④② 518 人気1 漸進伸 3身 362 中 376 アウォーディー 2046 0.5	船橋 10月7日 ③日テレ盃 3 交流GII 3ダ12頭 ダ1522 58 武豊 H①①① 524 人気1 息入らず 10身 348 内 401 サウンドトゥル 1502 2.0
前走	5京 11月8日 ②みやこS 1 GIII 2ダ11頭 ダ1478 56 浜中 S⑦⑨⑧ 498 人気7 直線一気 アタマ 365 内 357 カゼノコ 1478 0.0	大井 11月3日 ③JBCクラシ 10 交流GI 12ダ16頭 ダ2075 57 津村 M⑫⑦⑨ 500B 8 直線一杯 大差 384 内 393 コパノリッキー 2044 3.1	11月18日 ジャクソンハンデ 1 ハンデ 良 14頭 1363 60 パートン シャティン 競馬場 香港 エロイコ 1366 0.3 2馬身	大井 11月3日 ③JBCクラシ 3 交流GI 10ダ16頭 ダ2050 57 幸 M③②② 502 人気1 好位粘る 3身 374 内 374 コパノリッキー 2044 0.6	5京 11月8日 ②みやこS 5 GIII 9ダ11頭 ダ1484 57 幸 S③②③ 536B 3 好位一息 3 1/2 361 中 371 ロワジャルダン 1478 0.6	大井 11月3日 ③JBCスプリ 1 交流GI 2ダ16頭 ダ1109 55 松山 M①①① 500 人気3 逃切る 3/4身 347 内 362 ダノンレジェン 1110 0.1	5東 11月14日 ③武蔵野S 5 GIII 7ダ14頭 ダ1356 58 T.ベリー M④⑤⑤ 528B 4 好位一息 5 1/2 350 中 370 ノンコノユメ 1347 0.9	5京 11月8日 ②みやこS 3 GIII 1ダ11頭 ダ1478 58 岩田康 S④④③ 520 人気4 好位伸 1/4身 362 中 363 ロワジャルダン 1478 0.0	5京 11月8日 ②みやこS 6 GIII 11ダ11頭 ダ1484 54 戸崎圭 S⑦④③ 522 人気1 伸一息 3 3/4 365 中 368 ロワジャルダン 1478 0.6	大井 11月3日 ③JBCクラシ 1 交流GI 15ダ16頭 ダ2044 57 武豊 M①①① 524 人気3 逃切る 2 1/2 368 内 370 サウンドトゥル 2049 0.5

1着④サンビスタ　　　（12番人気）
2着①ノンコノユメ　　（3番人気）
3着②サウンドトゥルー（5番人気）
単④6640円　複④1180円　①200円　②370円
馬連①－④11040円　馬単④→①36260円
3連複①②④27320円
3連単④→①→②318430円

迷ったら直感と騎手。それでいいじゃないか

続いて紹介したいのは、私が買い目を決める、あるいは軸馬を決めるうえで、最終的な決め手として何を置くかということである。

それは、「**騎手**」と「**直感**」である。

予想理論も何もあったものではないが、あくまで、前述のような総合的判断があったうえで、最後の決め手は騎手と自分の直感なのである。

そもそも、将棋の羽生善治名人も「直感の7割は正しい」と仰っている。とはいえ、この言葉の意味は「自分の経験なり知識を基にして自然と浮かんでくる直感」を前提としており、完全な当てずっぽうというわけでもないのだ。

競馬についても同じこと。馬の名前や好きな数字を当てずっぽうで買うわけではない。

騎手については、皆さんご存知、M・デムーロ騎手など、買っておけばいいと思われる騎手がいる。もしくは単純に、自分が個人的に信頼している騎手でもいい。

実際、2015年の私は自他ともに認める「M・デムーロ騎手を買い続ける機械」と化していたが、同騎手の15年通算の単勝回収率は驚異の100%超え（単勝回収率107%）。M・デムーロ騎手を買い続けるという私の行動も、あながち合理性を欠いたものではなか

ったはずだ。

騎手については、個人的には、それぞれ得意なコースがやはりあると考えている。詳細な分析は、騎手のテーマ担当の人に譲るが、「TARGET frontier JV」のようなデータ分析ソフトを導入していれば、比較的容易にそういった傾向を割り出すことができる。月2000円ほどかかるソフトで、金のない学生には比較的つらい出費だが、競馬を楽しむうえで比類なく役に立つソフトだと思う。

さて、話を元に戻すと、例えば栗東所属の騎手は関西の成績が、美浦所属の騎手は関東での成績が高い。「単に騎乗機会の差じゃないのか？」と思われるかもしれないし、実際その差は大きいかもしれない。だが、騎乗機会が多いからこそ、乗り方をよくわかっているともいえるだろう。

だから、例えば中山なら、私は田辺騎手や戸崎騎手のような、関東の有力ジョッキーを当然重視する。関西なら福永騎手や浜中騎手など。そこを超越した成績を叩き出しているのがM・デムーロ、ルメール騎手、それから短期免許で来日するムーア騎手なのだ。

以上、私の馬券を、元も子もなく要約してしまえば、要するに「陣営のコメントを見て自分の競馬知識と総合的に判断。迷ったら直感と騎手」ということになる。

実際、これで15年の本命馬連対率80％を叩き出すことができたのだから、私としてはこれ以上のことはないのである。

「競馬は記憶のスポーツ」といわれている。記憶とは情報を保持するという意味だ。ならば、「競馬は情報のスポーツ」というのも、また真であろう。では、その情報とはどこにあるのか？

もちろん自分でレースを見て、「この馬は、次走こういう条件で出てくれば買い」といった情報を自ら考え、それを活かすというのも立派な競馬予想である。

ただ、陣営のコメントやレース後コメントにも、十分すぎるほどの情報が詰まっている、と私は考える。レースコメントを自分でＰＣに打ち込んで整理して、後から見られるようにデータベース化し、それを基に予想する、というのが私の手法だ。

昨今、競馬予想において統計、数字が世間にもて囃《はや》される中、こういう予想法があってもいいのではないか、と私は考えている。

競馬場で買うか？家で買うか？

話を変えて、馬券はどこで買うと勝ちやすいのか。我が東大ホースメンクラブでは、新歓競馬の皐月賞・日本ダービー、それから東京開催の秋GIと有馬記念には、みんなで現地観戦に行くという恒例行事がある。

しかし、これがなかなか厄介なもので、現地で観戦すると馬券が当たらないのである。これって、私がただヘタなだけなのか?

ところが、家で買う(つまりPAT)と、これが打って変わってよく当たる。実際、2015年の有馬記念、現地観戦組が全員ほうほうの体で帰ってくる中、自宅待機していた私は、サウンズオブアース本命で馬連をもぎ取ることができたのだ。

現地観戦するとなると、やはりゴール前の席で観戦したいもの。そこで我々は、伝統的に土曜(ときには金曜)から徹夜で並んで、朝の開門ダッシュで席を確保するという手段を取っている。

ホースメンクラブの部長ともなると、ほぼ毎回徹夜や始発で駆り出され、そのまま午後のメインレースまで雪崩れ込むことになる。これがアダとなり、体力のない私は大体7~9Rあたりで力尽きて、席で仮眠するハメになってしまう。これではまともに頭が働くはずもない。

また競馬場に行くと、やっぱり周りの声がイヤでも耳に入ってくる。そして惑わされる。ＧＩデーとなると場内は人で一杯で、メイン直前に馬券を買いに行くと席に戻ってこられない公算が高い。

ＰＡＴで買おうにも徹夜明けでは携帯電話の充電もないし、人が多くて電波も繋がりづらい。自然、早く買いに行かねば……という焦りも生まれる。

我々のように徹夜で……とまではいわずとも、朝から来れば自然と疲れるものだし、朝から来なければＧＩデーなど席がないから、立ったままでいるか地ベタに座るかしかない。

現地観戦は、頭を使ううえで過酷な環境なのではないかと私は思う。

よって、馬券を買うなら、私は家でゆっくり買うことをオススメする。

ただ、競馬を見る楽しみというのは半減してしまうため、前日にゆっくり考えておいて、あらかじめＰＡＴで馬券を仕入れておくか、もしくは当日着いたら真っ先に馬券を買ってしまうというのが、本当はいいのかもしれない。もっとも、これもパドック派や馬体重を気にする人には難しいかもしれないが……。

麻雀と競馬の相関関係について

競馬好きというと、他のギャンブルも好きというイメージがある。他のギャンブルが土日の競馬に影響を与えるのかを考察してみたい。

我が東大ホースメンクラブは別名**「東大雀士メンクラブ」**の異名を持っており、麻雀が非常に盛んだ。毎週金曜には駒場で競馬談義に花を咲かせ、渋谷で飲み会に行き、朝まで麻雀を打つ――が、お決まりのパターン。

年末には恐るべきことに、徹夜で並んで有馬記念に行き、最終レースまで競馬をやった後、上野で忘年会をしカラオケに行く。その後は女性と楽しく過ごせるお店に行く組と麻雀組に分かれ、華やかなほうを希望した組は上野仲町通りの歓楽街へ赴き、後に合流してそのまま朝まで麻雀を打つという闇に満ちたコースが決行されていたりする。

東大というと特別視されがちだが、普通の若い世代と大きな差はないのだ。

そこで最近我々の間で少し話題になっているのは、「金曜の麻雀の勝ち負けは、土日の競馬になんらかの影響があるか？」ということだ。

勝負ごとには「勝ちグセ」や「負けグセ」といった言葉も付きもの。なかなか勝ち切れない2着キャラの馬がいたり、強い馬でも一旦大敗すると、その後なかなか勝てなかったりするように、なんらかのそういう一種の「流れ」のようなものがあるのかもしれない。もしくは、前日の麻雀で運を使わなかった分だけ、土日の競馬では勝ちが巡ってくるかもしれない。

当サークルで主流なのは、後者の考え方である。もちろん、中には連敗してしまい痛手を負う人間がいるのも事実なのだが……。

競馬の血統と東大生の血統

本書にも冒頭に血統のコーナーがあるのだが、皆さんは「血統予想」を信じるだろうか？

我らが東京大学の大先輩で競馬予想家の水上学氏も、血統予想で知られている。

先にいっておくと、わざわざ、ここでこのように書いたのは決して私が血統を信じないから、というわけではない。私も、予想のプロセスにおいて当然、種牡馬くらいは検討材料に入れている。

だが、血統にのみよって予想をすることにはある種、限界があるのではないかと感じたためだ。

例えば直近の例で挙げるなら、2015年の菊花賞を制し有馬記念でも3着に入ったキタサンブラック。この馬、ご存知かと思うが「父ブラックタイド×母父サクラバクシンオー」である。

ブラックタイドはディープインパクトの全兄だから、ほぼ同じ血統構成の「父ディープインパクト×母父サクラバクシンオー」には、15年の函館2歳Sを制したブランボヌールがいる。血統的には完全に短距離〜マイル向き、せいぜい頑張って中距離くらいまでではないか。

私は血統の専門家ではないので、ある種の血統予想にはキタサンブラックの実績を裏付ける理論が何かしらあるのかもしれない。が、一般的に「血統」で予想するなら、キタサンブラックを京都の3000mで積極的に買えるだろうか。

菊花賞後に馬券を取った方にお話を伺う機会があった。どうやら逆張りで買うタイプの人のようで、「母父サクラバクシンオーで嫌気されるなら、むしろ買い」といっていた。

逆張りは、ギャンブルにおいては一定の妥当性を持つ戦略ではあるものの、この菊花賞はある意味で、血統理論が敗北した瞬間ではなかったかと思う。何事も理論だけでは限界があるのも事実だろう。


人間の世界において、血統たるものは正当性を持ち得るのだろうか?

東大に入って意外と思うことは、大金持ちのご子息は思いのほか少ない、ということだ。中~上流サラリーマン家庭や公務員のお堅い家庭の子女が多いように思う。周りの人間も比較的お堅い人が多いし、馬券を

買うにしても割合、安定志向の者が大半。

また、東大の調査によると、東大生の家庭年収は950万円以上が半数を占めているようだ。東大卒の平均年収はおおよそ800万～1000万円程度というデータもある。さらに、親の年収と子供の教育レベルは一定程度正比例の関係にある、というデータもよく目にする。

逆に、親が貧困であればおよそ3世代にわたって貧困が継続する、というデータもあり、経済学では「貧困の連鎖」と呼ばれている。

これは血統的に説明がつくのだろうか？　血統にはどうしてもオカルト的イメージがつきまとうものだが、そうした、何か説明のつかない「血の運命」とも呼ぶべきものが、果たしてあるのだろうか？

人間の場合に限っては、私は「否」と答える。

私の場合、父親は地方大学の中退だし、母親は同じく田舎の短大卒。親戚を見渡しても難関国公立大は見当たらない。家庭年収も東大生平均の半分にも満たないだろう。父親は理学部数学科だが、私は文系である。前述の通り、両親祖父母はギャンブルもやらない。

一方、私は東大に入って競馬サークルの代表。血統的には外れた存在だ（編注……君もキタサンブラックだったんだね！）。

おおよそ人間という知的教育的な生物において、生まれや遺伝といった所与の条件よりも、環境や教育が重要な役割を果たすであろうことは想像に難くないだろう。

ならば馬はどうだろう？　馬もまた、知的な生き物である。生まれてから人間に教育を受けて生きている。人間にとって家庭であり、教育機関に当たるであろう厩舎が、馬の競走人生には大きく関わっている。

ならば、「親は芝しか走らないけど、仔はダートも走る」といったことが当然のように起こっているように、「血統的には長距離は無理だろうが、実際には長距離で相当なパフォーマンスを見せる」ということも、まったく不思議なことではない。

陣営としても、血統を見るとその血統構成から導き出される一般傾向に見合った条件と、その馬の体形その他を考慮に入れて、妥協点を目指す調教を行なうのは普通であろう。馬を管理する側からすれば、それは合理的なことである。

それに、産駒に一般的に見られる一定の特徴があるというのも、これまた事実である。だから、競馬はブラッドゲームである、という意見には依然一定の説得性がある。

それでいながら、さながら閾値の如き活躍をする馬というのは、絶対に現れるのだ。だから競馬は面白い。キタサンブラックの活躍は、血統予想の在り方に一石を投じるものであることは間違いない。

ばんえい競馬観戦記

当サークルでは、毎年夏には北海道旅行をするのが恒例行事となっている。例年は札幌を拠点に、早来や日高のほうに牧場見学に行ったり、登別の温泉に行ったり、あるいは札幌競馬場で競馬観戦をしたり……といった内容だったのを、2015年は延泊コースを設けて函館や帯広まで足を延ばしてみた。

そこで、一度は行ってみたかった帯広の「ばんえい競馬」の観戦に行くことができた。

ご存知ない方もいるかもしれないが、ソリに騎手を乗せて、それを馬が曳《ひ》いて競争する競馬があるのだ。距離は200m。道中には障害となる丘が2つあり、昇り降りしながら道中休み休みしつつ、2分前後でゴールする。

15年は競馬法違反で世を騒がせた「ばんえい競馬」ではあるが、これがまた、独特の魅力があって、一度は行って損はないと思う。帯広自体、なかなか大きくて、かつ風情ある街並み。札幌からの道中はいかにも北海道らしい風景も楽しめるし、ホテルも割合ハイグレードなところに安価で泊まれる。

帯広競馬場に到着して駐車場から歩いていくと、入口前に「田中屋」という小さな焼き鳥の屋台がある。私が食べたのはレッグと呼ばれる、よく見るチキンのようなものだったが、これがなかなか美味。ただし手はベトベトになる。

さて、いざ競馬場に入ってみると、ばんえい競馬初体験、予想の仕方がさっぱりわからない。「馬場水分って、なんやねん！」。ネットで予想方法を探しながら手探りで予想するのだが、単純そうに見えて実はまた色々な予想ファクターがある。

大外・最内の馬は不利、障害をいかに早く越えられるか、どの馬がどの程度の馬場水分を得意としているか、馬場水分が低いと馬にとってはタフになるため、比較的実力通りに決まる……など。

さらに、「ばんえい競馬」の面白いところ、オッズがよくわからない。

単勝オッズがバラバラ、連式馬券はなかなかオッズがつかない。少頭数だから3連複も狙いやすい。が、馬連、3連複だと驚くほどトリガミになる。単勝オッズがバラけやすいので、単勝か馬単を狙うのがいいと思われる。

馬券を買って喫煙所に行くと、地元のおじいさんに話しかけられた。「兄ちゃん、どこから来たの？」「東京です」と、何気ない会話が始まり、ちょっとした「ばんえい競馬」指南もしてもらった。人との交流も、競馬場の楽しみのひとつである。

いざ発走。コースの端のゲートに観客が集まり、発走すると自分が応援する馬に併走してゴールまで一緒に走るのだ。

馬体重1000キロ前後の大型のばんえい馬が、数百キロのソリを曳いて走るのを間近で見ると、やはり圧巻の迫力である。

客は、騎手や馬、買い目を叫びながら200mを併走する。決着直前に最後のゴール板前まで来ている観客は、大体的中のチャンスがある人たちである。障害を越えられないとか、途中で外れを察した者から脱落していく。

結果的に一日「ばんえい競馬」を楽しんでプラス収支を得て、「平和園」なる帯広の焼肉屋でオイシイ肉と酒に舌鼓を打つ。夜の帯広は駅前も静か。もう一度訪れたい町である。

GIや重賞を的中することも楽しいが、この「ばんえい競馬」体験だってかなり楽しい。エンジョイ競馬の一例として挙げておく。

●2015年10月４日・中山11Ｒスプリンターズ S
（ＧⅠ、芝1200ｍ良）➡馬連②-④5550円

場名	レース	式別	馬組	金額	的中
中山(日)	11R	馬　単	02→12	500円	
中山(日)	11R	馬　連	01－02	1,000円	
中山(日)	11R	馬　連	02－04	500円	的中
中山(日)	11R	馬　連	02－07	1,000円	
中山(日)	11R	馬　連	02－08	500円	
中山(日)	11R	ワイド	01－02	500円	
中山(日)	11R	ワイド	02－07	500円	
中山(日)	11R	ワイド	02－09	500円	
中山(日)	11R	ワイド	02－13	500円	
中山(日)	11R	馬　連	02－09	500円	
中山(日)	11R	馬　連	02－13	1,000円	
購入金額 7,000円　払戻金額 27,750円					

１着②ストレイトガール（１番人気）
２着④サクラゴスペル　（11番人気）
３着⑥ウキヨノカゼ　　（９番人気）

10月１週目に行なわれたスプリンターズS。月初めにも関わらず、私のサイフ、口座には5000円しか残っていなかった。毎月終わりにはバイト代や仕送りなど諸々の収入があるはずなのに。連日の飲み会とカードの支払いで、既に私のライフポイントは風前の灯、気息奄々の様相。もはやかくなるうえは、週末の競馬で最後の一兵卒まで闘い抜くほかあるまいと覚悟を決め、迎えたスプリンターズS。本命はストレイトガール、戸崎圭太。全財産5000円を馬連流しでフルベット（2000円分のワイドは友達の代理購入）。68秒の緊張。ギリギリのときこそ競馬は楽しい。やめられない。

●2015年10月18日京都11Ｒ秋華賞
（ＧⅠ、芝2000ｍ良）➡馬連⑨-⑱2790円

1	ワイド 7 - 9 16.2 - 17.6	1,000円	-
2	馬連 9 - 18 27.9	1,300円	的中 36,270円
3	馬連 9 - 11 33.1	1,000円	-
4	馬連 9 - 10 39.9	1,000円	-
5	馬連 7 - 9 54.6	1,000円	-
	馬連 9 - 12		

購入金額	6,000円	払戻	36,270円
回収率	604.5%	収支	30,270円

1着⑱ミッキークイーン（1番人気）
2着⑨クイーンズリング（5番人気）
3着⑥マキシマムドパリ（8番人気）

2015年秋華賞は、◎クイーンズリングから馬連、本線的中でわりと会心の馬券だったように思う。春のクラシックは、フィリーズレビューをマイナス20キロで激走した反動が大きかった。夏を休んで復帰初戦のローズＳこそプラス２キロだったが、秋華賞本番ではさらにプラス８キロ。馬は充実していると見た。また、ローズＳで本番を見据えて好位からの競馬をさせているところもよい。何より鞍上はＭ・デムーロ騎手。フィリーズレビューから主戦で手の内に入れている。以上のような予想だった…はず（忘れた）。

●2015年11月14日・東京11R武蔵野S
（GⅢ、ダート1600m稍重）➡馬連⑩-⑬3280円

1	馬連 5-10 4.5	1,100円	-
2	馬連 10-11 11.1	1,000円	-
3	馬連 10-13 32.8	500円	的中 16,400円
4	馬連 7-10 33.6	300円	-
5	馬連 2-10 36.9	300円	-
	馬連 8-10		

購入金額	4,000円	払戻	16,400円
回収率	410.0%	収支	12,400円

1着⑩ノンコノユメ　（2番人気）
2着⑬タガノトネール（5番人気）
3着⑤モーニン　　　（1番人気）

ノンコノユメ大先生には青竜Sからお世話になり続けている。中でも衝撃を受けたのは大井競馬場のジャパンダートダービー。ドロドロの不良馬場の中、逃げ粘るクロスクリーガーを後ろからきれいに差し切ったあの脚には感動すら覚えた。この馬、東京競馬場なら最強なんじゃないかと思い、ノンコを本命に。結果は見事1着。後に中京のチャンピオンズCでも2着まで差し込んでくるのだから大したものだ。2016年にはフェブラリーSの結果次第でドバイに行くという。世界を目指す、という目標は崇高かもしれないが、馬へのダメージ、競走寿命のことを考えると、好きな馬には、むやみに海外遠征させてほしくないという気持ちもあり、複雑な心境だ。

●2015年12月13日・阪神11Ｒ阪神ＪＦ
（ＧⅠ、芝1600ｍ良）➡馬連②-⑬3500円

1	馬連 2-11 10.8	2,100円	-
2	馬連 2-15 16.9	1,500円	-
3	馬連 2-13 35.0	400円	的中 14,000円
4	馬連 2-6 57.4	400円	-
5	馬連 2-18 71.9	300円	-
6	馬連 2-12 83.8	100円	-
	馬連 2-3		

8ベット 8件			
購入金額	5,000円	払戻	14,000円
回収率	280.0%	収支	9,000円

１着②メジャーエンブレム（１番人気）
２着⑬ウインファビュラス（10番人気）
３着⑪ブランボヌール　　（３番人気）

阪神ＪＦはメジャーエンブレムの一強ムード。私も素直に本命も、驚くほどオッズが低い。完全に激安プンプン丸。結局馬連にすることにはしたのだが、この日は私としては珍しく比較的人気サイドの馬を切っていくことにした。対抗はブランボヌール、次点でキャンディバローズ、ウインファビラスの３頭中心。最初はウインファビラスをかなり重視して1000円ほど買うつもりだったが、逆神・東大ホースメンクラブの面々でかなりウインファビラスが推されていることを知ってしまった。こうなってはやむを得ないと400円まで落としたところ２着。的中は的中だが、他人の予想に振り回された一日だった。

●2015年12月20日・阪神11Ｒ朝日杯ＦＳ
（ＧⅠ、芝1600ｍ良）➡単勝⑮590円

式別	馬／組番	購入金額	的中／返還	払戻単価	払戻／返還金額
単勝	15	3,400円	15	590円	20,060円
3連単	07→09→11	100円	―	―	0円
3連単	07→09→15	100円	―	―	0円
3連単	07→11→09	100円	―	―	0円
3連単	07→15→09	100円	―	―	0円
3連単	09→07→11	100円	―	―	0円
3連単	09→07→15	100円	―	―	0円
3連単	09→11→07	100円	―	―	0円
3連単	09→15→07	100円	―	―	0円
3連単	11→07→09	300円	―	―	0円
3連単	11→09→07	300円	―	―	0円
3連単	15→07→09	100円	―	―	0円
3連単	15→09→07	100円	―	―	0円
		5,000円			20,060円

１着⑮リオンディーズ　　　（２番人気）
２着⑪エアスピネル　　　　（１番人気）
３着⑬シャドウアプローチ（11番人気）

３連単は、ＰＯＧ馬が2頭出走していたので夢の応援馬券（結果は９、11着）。ムダ馬券とも思ったが、前日朝まで飲み会だったため我が家には４人ほどのオタクたちがたむろしており、予想に集中できない。そこで、私が中学生の頃から使っていたハンドルネーム、「りおん」から、リオンディーズや！と決めた超絶適当馬券。ＰＯＧ応援馬券の残りを、全額リオンディーズ単勝に入れるという有様。発走、道中最後方。「やっぱり１戦１勝馬なんて買ったらアカン……」と後悔しかけたところ、直線で大外に持ち出すと、Ｍ・デムーロ騎手のムチが、手綱が唸る唸る。人馬一体。完全に化け物。私もオイシイ焼肉が食べられて大変満足。

●2015年12月27日中山11R有馬記念
（GⅠ、芝2500m良）➡馬連⑦-⑨6840円

式別	馬／組番	購入金額	的中／返還	払戻単価	払戻／返還金額
馬連	02－09	100円	－	－	0円
馬連	02－13	100円	－	－	0円
馬連	04－09	1,700円	－	－	0円
馬連	04－13	1,200円	－	－	0円
馬連	07－09	200円	07－09	6,840円	13,680円
馬連	07－13	200円	－	－	0円
馬連	08－09	100円	－	－	0円
馬連	08－13	100円	－	－	0円
馬連	09－12	800円	－	－	0円
馬連	09－13	1,000円	－	－	0円
馬連	09－15	500円	－	－	0円
馬連	12－13	600円	－	－	0円
馬連	13－15	500円	－	－	0円
単勝	09	1,000円	－	－	0円
3連複	01－09－13	100円	－	－	0円
3連複	02－09－13	100円	－	－	0円
3連複	03－09－13	100円	－	－	0円
3連複	04－09－13	300円	－	－	0円

1着⑦ゴールドアクター　（8番人気）
2着⑨サウンズオブアース（5番人気）
3着⑪キタサンブラック　（4番人気）

2015年有馬記念、私の本命はサウンズオブアース。実は前走のジャパンCでもかなり重視していた。5着だったが、東京2400mは間違いなくベストではない条件。1角で不利があり、4角では早仕掛けの形で差のない競馬だった。有馬と同舞台の日経賞こそ4着も、M・デムーロ騎手も「うまく乗れなかった」と振り返っていたという。結局、有馬を制覇したのはゴールドアクター。この馬、前日には私の対抗だったのだ。騎手や直近の予想などから振り回しすぎはよくないと、馬連1000円購入するところを200円まで削ってしまった。痛恨のミスだが、仕方がない。1万円購入し払い戻しが1万3680円というしょうもない結果だったが、一年の終わりを的中で迎えられたというのは縁起のいい話と納得するしかない。

東大ホースメンクラブ
2016年１月現在、東京大学唯一の競馬サークル。およそ25年前から活動を続けており、東大の文科系サークルの中でも有数の歴史を誇る。平日は馬券理論を熱く戦わせ、週末はホームグランドの東京競馬場で勝負するのが、主な活動。徹夜で並んでのダービー観戦や夏の北海道での牧場巡りも年間行事。雑誌の連載やゲームデータの作成など、その活動は多岐に渡る。

東大生が書いた競馬のテキスト

2016年３月１日　初版第一刷発行

著者◎東大ホースメンクラブ

発行者◎栗原武夫
発行所◎ＫＫベストセラーズ
〒170－8457　東京都豊島区南大塚２丁目29番７号
電話　03－5976－9121（代表）

印刷◎近代美術
製本◎フォーネット社

ISBN978－4－584－10433－0　C0275